Titre de l'ouvrage: MOSSAKA ET SON HISTOIRE (de 1885 à 1965)

T0164907

L'auteur: Roger-Patrice MOKOKO est natif
est contée. Il est lui-même témoin d'une bo...e partie de cette histoire.
Après des ouvrages tant scientifiques universitaires que
professionnelles, MOKOKO traite cette fois-ci un sujet d'ordre
historique pour deux raisons: la 1ère est celle de contribuer aux
préparatifs d'un grand événement de haute portée historique: le
centenaire dela ville de MOSSAKA qui aura lieu le 24/12/2012; la 2ème
raison est de sensibiliser toute la population de Mossaka à une prise de
conscience commune pour le développement du district.

Résumé: Roger-Patrice Mokoko, à travers ce livre voudrait nous
raconter comment s'est passée la rencontre du colonisateur avec le
colonisé dans le district de Mossaka, une rencontre à la fois pacifique,
tumultueuse et brutale. Car, au même moment qu'il distribuait des
cadeaux aux populations et signait des traités d'alliance et de paix, et
aussi qu'il apportait la paix aux tribus sauvages qui se battaient et
s'entredevoraient, le colon usait de son charme et de son bagout pour
obliger les Noirs à lui fournir le caoutchouc et l'ivoire. Après l'esclavage
et les réquisitions de main-d'oeuvre, les indigènes étaient aussi
assujettis à des obligations fiscales. Par ailleurs on ne devrait pas
s'étonner des réticences des populations à accepter la colonisation. On
parlera plutôt de résistance à l'impôt indigène que de résistance à la
pénétration coloniale.

Puis, les conflits entre le M.S.A. et l'U.D.D.I.A. vont permettre la tenue du Référendum du 28/9/1958. Mais la situation se normalisera lors de la proclamation de l'Indépendance du Congo le 15/8/1960. Mossaka va avoir un système administratif mieux structuré qu'avant: la sous-préfecture de Mossaka sera transformée en préfecture autonome. Quelques temps après, ce fut la Nationalisation de l'Enseignement au Congo. Malgré cela, les populations indigènes demeurant très attachées à leurs moeurs et coutumes seront influenceés par la civilisation coloniale. Lisons Mokoko pour en savoir davantage sur l'histoire de Mossaka, la Venuse du Congo.

Order this book online at www.trafford.com
or email orders@trafford.com

Most Trafford titles are also available at major online book retailers.

Printed in the United States of America.

ISBN: 978-1-4269-9550-7 (sc)
ISBN: 978-1-4269-9549-1 (hc)
ISBN: 978-1-4269-9548-4 (e)

Library of Congress Control Number: 2012902946

Trafford rev. 03/08/2012

 www.trafford.com

North America & international
toll-free: 1 888 232 4444 (USA & Canada)
phone: 250 383 6864 ♦ fax: 812 355 4082

POUR L'ÉDITION ORIGINALE

Responsable de l'Édition : Johnson Dave

Suivi Éditorial : Kennedy Mazela

Correction Linguistique : Brunella Patricia Libella

Contribution-conseils : Hugo Kitenge, Administrateur

Couverture : Christelle Mokoko

Imprimé aux éditions Trafford (USA)

ISBN original

Dépôt légal : octobre 2011

MOSSAKA

ET

SON HISTOIRE

DE 1885 À 1965

REMERCIEMENTS

Je remercie de tout mon coeur, toutes les personnes qui m'ont aidé à la collecte de données et qui m'ont encouragé à parfaire cet ouvrage ; il s'agit de : Antoine Aissi, Body Bokambissa, Roger Bokilo, Clémence Bomiango, Aurélien Emile Bongouandé, Gilbert Ambroise Bongouandé, Félix Bonongo Mongoko, Pascal Bossota, Patrice Bossoto, Nicolas David Embounou, Etienne Note, Michel Etoka, Jean Raphael Kouétété, Pascal Loutou Vincent Missangumukini, Gaston Mokémo, Honoré Wongolo Mokoko, Anicet Edouard Mokoko, Pimouabéka, Germain Aristide Monguia, Barthélemy Niombela, Raphael Essandzabéka, Georges Mabona.

Si cet ouvrage est aujourd'hui devenu une réalité, c'est grâce à Léon Raphael Mokoko, député de la première circonscription électorale de Mossaka. En effet, l'idée de faire un recueil de textes susceptibles de mettre en relief notre district, ou mieux d'ériger une stèle sur un lieu public, vient de lui. C'est encore lui l'inspirateur du projet de construction d'une maison de conservation et d'archives du district de Mossaka. C'est à ce moment là que j'ai préféré faire asseoir toute cette pensée géniale dans un livre qui permettra à toutes les filles et à tous les fils de Mossaka de connaître davantage leur propre histoire, et surtout de bien préparer le centenaire du district de

iii

Mossaka qui aura lieu le 24/12/2012. Ce livre pourra intéresser également les historiens.

Merci aussi à Jean-Marie Bopoumbou , député de la deuxième circonscription électorale de Mossaka qui s'est joint à son frère Léon Raphael Mokoko pour me faciliter les voyages en France où j'ai eu accès aux Archives du Château de Vincennes qui furent longtemps interdites au public. J'ai profité également d'aller en Amérique du Nord, consulter les Archives de la Bibliothèque nationale, une propriété personnelle de la reine d'Angleterre.

A mon épouse Brigitte Mokoko,
pour avoir accepte de rester toute seule,
dans la perspective de voir ce livre paraître,
malgré son état de santé.

PRÉFACE

En 2012, la ville de Mossaka commémorera le centenaire de sa fondation. Cela me permet d'observer que l'histoire du Congo - je n'oublie pas les travaux de mon collègue Abraham Ndinga Mbo - en concédant aux royaumes du Congo un intérêt particulier. Mais, on s'est habitué à considérer le contact avec la puissance coloniale à travers le cadrage spatial de Mfoa. Cela non sans raison : le site, la notoriété des acteurs, le choc des enjeux politiques et économiques entre les puissantes exploratrices ; les traités, la proximité avec Kinshasa. En somme, le déploiement de la pénétration coloniale dans des sites secondaires, notamment de la partie septentrionale du Congo a été oblitéré. Dans l'historiographie scolaire, la pénétration du Blanc s'est arrêtée à l'opposition des Bafourous ou Apfourous interprétée par certains esprits, non comme un acte de bravoure nationaliste, mais comme un refus obscurantiste des lumières de la civilisation.

La célébration du centenaire de la ville de Mossaka donne l'occasion de revenir sur cette perception partielle. Non qu'il faille se féliciter de l'exhumation d'un contact avec le colon, mais l'histoire, c'est les faits et il convient de les rétablir.

Le livre de Roger-Patrice Mokoko trouve ainsi son intérêt dans la reconstitution de cette histoire du contact des populations de Mossaka avec le colon, avec des acteurs de la colonisation française dont les noms auront été donnés à des localités du Sud du Congo, dont Dolisie et de Chavannes ou celui d'un certain Jacques Savorgnan de Brazza dont le nom a été tout simplement éclipsé par celui de son illustre frère aîné Pierre.

Une des particularités de Mossaka réside dans sa situation hydrographique de son site d'implantation. Ce site place de manière stratégique et singulière la ville au confluent de plusieurs affluents du fleuve Congo, le Kouyou, la Likouala, la Likouala-aux-Herbes ; à ces rivières il faut ajouter que l'Alima en aval aura constitué un axe non négligeable naturel des tentatives de pénétration coloniale. Mossaka est ainsi le centre d'un éventail destiné, on le comprend aisément, à donner libre cours aux fantasmes d'aventure et de découverte des explorateurs Dolisie, de Chavannes et de Brazza.

Ville cosmopolite de passage et de brassage de populations de diverses provenances, donc à vocation naturelle d'ouverture, Mossaka puise sa base et son dynamisme démographiques dans la couverture de son arrière-plan de forêt marécageuse à la lisière des terres mbochi constituées par les pays de la Ndéko habités d'amont en aval par les Bouégni et les Likouba.

Ouvrage de commémoration, le livre de Roger-Patrice Mokoko propose sous les angles les plus divers une excellente synthèse de l'histoire de cette ville sur une période de quatre-vingts ans. L'auteur expose de manière fortement documentée la pénétration des explorateurs français aux prises tant avec la résistance des chefs locaux qu'avec la concurrence belge à travers l'État indépendant du Congo ; il évoque l'implantation d'un régime concessionnaire animé par les Frères Tréchot aux appétits ambigus.

En ce qui concerne le destin des autochtones, une approche anthropologique jette la lumière sur l'organisation et la structuration des sociétés traditionnelles *likouba* et *bouegni* soumis à l'action coloniale à travers l'évangélisation et l'implantation de l'école. Roger-Patrice Mokoko décrit avec finesse la nouvelle administration implantée par l'autorité coloniale, l'émergence de nouvelles structures économiques avec l'inventaire des divers corps de métiers qui avaient pris en charge l'animation de la modernité de la localité jusqu'à une période qui excède l'accession du pays à l'indépendance. Le statut d'autonomie conféré par le décret no 63-8 du 12/1/1963 portant transformation de la sous-préfecture autonome de Mossaka en préfecture incarnera le rêve d'une autodétermination des populations de cette ville cosmopolite.

Je dois également dire que c'est avec un vif intérêt que j'ai pris connaissance de certains documents présentés dans les annexes et que je n'ai jamais lu ailleurs.

La célébration d'un anniversaire est une excellente occasion de marquer le croisement des expériences et des espérances pour un regard rétrospectif sur le bilan des expériences et la dynamique des espérances. S'agissant d'une localité, d'un espace de vie humaine, ce regard examine comment les hommes ont écrit et inscrit leur destin individuel et collectif dans la double substance du terroir et du temps qui passe.

Professeur André Patient Bokiba

TABLE DES MATIERES

INTRODUCTION

La région dont l'histoire est abordée ici, correspond depuis 1960, à deux Etats souverains, le Congo-Brazzaville, aujourd'hui appelé République du Congo, et le Congo Kinshasa, appelé Zaïre naguère, et désormais République Démocratique du Congo.

Le nom « Kongo » provient de celui d'un royaume apparu au XIVe siècle, et qui regroupait les régions Nord de l'Angola, celles du Sud du Congo-Kinshasa, et du Congo-Brazzaville, ainsi que du Sud du Gabon ; ce grand royaume fut d'une grande importance, du moins, jusqu'à l'irruption des Européens.

Quelques années avant la révolution de 1848, le gouvernement de Louis-Philippe 1er, roi de France, passa une convention avec le roi Denis qui régnait alors sur la rive gauche de l'estuaire du Gabon. Il cédait à la France en toute propriété un territoire en bordure de l'Ogooué, contre un traité d'alliance défensive et offensive, signé le 09 février 1839 avec le lieutenant de vaisseau Bouet-Willaumez.

D'une part, le Roi Denis était décoré de la légion d'Honneur, de l'autre, il recevait des mains du représentant de la France vingt pièces d'étoffes assorties, dix barils de poudre, vingt fusils à un coup, deux sacs de tabac, un baril d'eau-de-vie, dix chapeaux blancs. Comme les voisins du roi Denis renonçaient eux aussi au trafic des esclaves, la porte était donc ouverte à celui qui voudrait pénétrer vers l'intérieur de l'Afrique.

Cependant, les prétentions du Portugal sur ce littoral, après avoir été longtemps contestées par plusieurs puissances européennes, furent définitivement réglées en 1984-85 lors de la Conférence Africaine de Berlin, qui a réparti la région du Congo entre la France, le Portugal et l'Association Internationale Africaine, propriété personnelle de Léopold II, roi des Belges.

Ainsi, après la guerre de 1870, l'Allemagne de Bismarck sera occupée à consolider sa nouvelle unité et dédaignera l'idée coloniale. Elle la trouvera même dangereuse et contraire à la théorie du regroupement racial qui a toujours été sienne. Le Chancelier de « fer » laissera alors les Français «disperser leurs énergies » et poursuivre à travers des étendues encore sauvages, la chimère d'un « Empire » au sens romain du mot. Empire dans lequel des esprits clairvoyants comme celui de Jules Ferry, voyaient une expansion pacifique et la grandeur de la France de demain.

En 1875, Pierre Savorgnan de Brazza avait 23 ans. C'était un élégant enseigne de vaisseau à l'allure nonchalante et au regard velouté de patricien romain. Romain, il l'était par ses origines. La famille de Brazza, de très ancienne noblesse, avait été obligée de fuir Venise pour échapper à l'envahisseur tudesque et s'était réfugiée à Rome. La neutralité de l'Etat romain ou Etat de l'Eglise, a permis de faire un refuge précieux aux patriotes luttant courageusement pour l'avènement de l'Italie.

Après Solferino et Magenta, la France continuait à soutenir les aspirations de ses frères latins, et c'est en 1863, au cours d'un voyage diplomatique que l'Amiral Louis de Montaignac, futur commandant des Fusiers Marins pendant le siège de Paris en 1870, futur ministre de la marine sous la présidence de Mac-Mahon, fut reçu de Brazza au palais à Rome. Parmi les neuf enfants qui se pressaient autour de madame de Brazza (Madame Ascanio Savorgnan de Brazza avait fait en tout 12 enfants), déjà veuve, Pierre, âgé de Onze ans, attira spécialement l'attention de l'Amiral. Il rêvait d'être marin et comme il ne pouvait être question de servir l'Autriche : il demanda à Louis de Montaignac de l'emmener avec lui. « Amiral, emmenez-moi avec vous en France. Je veux partir sur votre bateau », lui supplia-t-il.

Mère romaine, madame de Brazza consentit à se séparer de son fils qui, ayant achevé ses études à Paris, et à l'âge de 17 ans, il entra à l'Ecole navale de Brest et en sortit enseigne de vaisseau (Pietro Paolo Savorgnan di Brazzà, à sa sortie de l'école, 44ème sur 62, reçut l'appréciation suivante : « Bon élève qui a toujours montré une grande aptitude pour les choses du métier». Aussitôt, il s'embarque sur *le Jeanne d'Arc* pour l'Algérie. Là-bas, il est horrifié par la violence de la répression de la révolte kabyle par les troupes françaises. La guerre de 1870 est alors déclarée : il veut être affecté dans une unité combattante. Puis, il en profite pour demander la naturalisation française et se retrouve sur le cuirassé *la Revanche*, dans l'une des escadres de la mer du Nord. Enseigne de vaisseau en 1870, il combattit l'Allemagne sur mer. « Etre Français pour amour de la France, c'est être deux fois français », disait-il.

A l'avènement de la 3ème République, sa 2ème affectation est la *Frégate Vénus,* qui faisait régulièrement escale au Gabon. En 1874, Brazza remonte deux fois le Gabon et le fleuve Ogooué. En longeant la côte encore inexplorée de l'Afrique Equatoriale, l'attrait de l'inconnu se fit irrésistible : en présence d'un fleuve immense, naquit la véritable vocation de Pierre Savorgnan de Brazza. Il proposa ensuite au gouvernement d'aller explorer l'Ogooué jusqu'à sa source, afin de démontrer que ce fleuve et le Congo ne font qu'un. Avec l'aide d'amis bien placés comme Jules Ferry et Léon Gambetta, Brazza obtint une permission et des subsides, qu'il n'hésita pas à compléter avec ses propres ressources (selon les documents, la famille de Brazza a contribué aux deux premières expéditions de l'explorateur avec une somme d'un million de francs, et le gouvernement français n'a donné que 200.000 Frs).

A la même époque, il est naturalisé français et adopte la francisation de son nom. Cependant, il doit rester quelques mois à Paris pour passer son diplôme de capitaine afin de demeurer dans la marine nationale et y poursuivre son destin.

Pour cette expédition qui durera de 1875 à 1878, de Brazza se munit de toiles de coton et d'outils pour le troc. Il est seulement accompagné d'un docteur, d'un naturaliste et d'une douzaine de fantassins sénégalais. Il sera considéré à cet effet comme officié d'ordonnance de l'Amiral Quillot au cours de la navigation. Puis, le 15 février 1875, l'Amiral de Montaignac le chargerait d'une mission au Gabon.

Pierre Savorgnan de Brazza et ses compagnons restèrent trois ans en France où Paris leur fit une ovation. Le roi Léopold II, qui Patronne l'Etat Indépendant du Congo, lui demande d'unir ses efforts à ceux de Stanley déjà surnommé dans la région « Boula Matari » (Le briseur de rocs). Il aura de puissants moyens à sa disposition, et une situation de vice-roi... Mais, de Brazza est officié de marine et français. Il refuse l'offre.

Mis au courant des découvertes de Stanley, sachant les obstacles qui empêchent la navigation sur le Congo inférieur, il résolut de frayer une route vers ce fleuve par les possessions françaises du Gabon. Il remonta l'Ogooué et y créa au confluent de la Mpassa, la station de Franceville (Juin 1880).

« La route qui nous était ouverte allait nous entraîner au centre du continent inconnu. Nous résolûmes à tenter l'aventure, même au péril de notre vie, et à marcher devant nous, cherchant une issue vers l'Est, sans songer un seul instant à revenir sur nos pas » Propos recueillis de P.S de Brazza.

C'est à ce moment qu'il va s'enfoncer à l'intérieur des terres et réussir à entretenir de bonnes relations avec la population locale, grâce à son charme et à son bagout.

De Brazza a su conquérir les indigènes. Le tam-tam propage la renommée du Commandant Blanc et de ses compagnons jusqu'au roi Rénoké, le plus grand marchant d'esclaves ; car le Gabon est un grand centre de la traite des Noirs. Des caravanes d'hommes chargés du carcan, entravés d'une bûche à la cheville, s'acheminent péniblement vers la côte où les bateaux négriers les transportent vers de lointaines plantations… De Brazza saura négocier avec Rénoké ; il achètera les esclaves pour les libérer et fera du drapeau français un fétiche. Puis, il apportera la paix aux tribus sauvages qui se battent et s'entre-dévorent.

Pendant que de Brazza fait signer au roi Makoko un traité d'alliance avec la France, traité qui, ratifié en 1883 par les Chambres, servira à la reconnaissance de la rive droite du Congo comme frontière équatoriale de l'empire français, le Sergent Malamine, à la tête d'une garnison de deux tirailleurs, empêche Stanley de passer sur la rive gauche du fleuve (Stanley de son vrai nom John Rowlands, était à la recherche de David Livingstone qu'il va d'ailleurs retrouver sur le lac Tanganyika le 10 Novembre 1871). Les termes de son refus sont restés légendaires : « Non, ici France » (D'après le journal de Roubaix, 17 Février 1940, sur Brazza ou l'Epopée du Congo ; de Léon Poirier, 1939).

Son expédition est toutefois un échec sur le plan scientifique, car les deux fleuves sont bien différents. En tout état de cause, le 11 août 1878, de Brazza et ces compagnons d'expédition, fatigués et malades, décident de faire demi-tour.

Etant donné l'objet de notre étude, nous nous limiterons seulement aux aspects historiques de la découverte de la Likouala-Mossaka, et son groupement humain et partant, de la découverte de Mossaka et son organisation sociale depuis l'arrivée des Oubanguiens, jusqu'à la nationalisation de l'enseignement au Congo (1965), en passant par l'autonomie de Mossaka en 1963.

A cet effet, nous commencerons notre premier chapitre par l'aventure de Pierre Savorgnan de Brazza et ses compagnons vers l'Est. Dans le Deuxième chapitre, nous parlerons des différents groupements humains de la Likouala-Mossaka ; le troisième chapitre quant à lui, évoquera l'organisation sociale des populations de la Mossaka. Le quatrième chapitre s'appuiera sur le système de cohabitation des Oubanguiens avec les Likouba. Puis, dans le cinquième chapitre, nous parlerons de l'organisation administrative et de l'installation de la C.F.H.B.C. comme grand concessionnaire dans la Likouala-Mossaka, et aussi des répercussions de la guerre de 1914 dans le District de Mossaka. Enfin, quelques textes administratifs et lettres de traités seront consignés en annexes.

Cependant, nous aimerons faire remarquer que la plus part des informations que nous avons recueillies proviennent des traditions orales, collectées en vrac auprès des chefs de terre, de village et des missions catholiques, quelquefois aussi de façon individuelle auprès des historiens et même des personnes âgées. Néanmoins, la moisson d'informations orales que l'on puisse faire sur place, qu'il s'agisse de celles concernant les événements de la période coloniale, ou de l'information relative à l'organisation sociale intérieure à l'arrivée des Européens, cette moisson est assez maigre. Par contre, nous nous sommes intéressés à regarder les documents conservés aux Archives Nationales - Section Outre–Mer, aussi bien dans la série Gabon-Congo que dans la série A.E.F. Mais, s'ils sont abondants en ce qui concerne les Sociétés concessionnaires (pas moins de sept cartons), ils sont particulièrement pauvres pour ne pas dire inexistants, pour la période qui s'ouvre avec le début du XXème siècle.

Grâce donc à l'obligeance de Mgr Lefebvre, Supérieur de la congrégation des Pères du Saint-Esprit et de Mgr Emile Vérhille, évêque de fort-Rousset, que nous avons eu la possibilité de prendre connaissance d'un certain nombre d'informations particulièrement intéressantes. En dépit du voyage que nous avons effectué sur Paris pour aller regarder dans les Archives du Château de Vincennes sur le service historique et de la défense, d'une part, et, sur le Canada, au niveau des différentes bibliothèques nationales, d'autre part, Georges Mazenot nous a été d'une grande utilité par le recueil des textes sur l'histoire de la pénétration coloniale qu'il a bien voulue mettre à la disposition du public. Une large partie de notre recherche sera inspirée de cette œuvre immense dont les travaux se limitent seulement à l'année 1920.

Notre premier chapitre fait état des missions de Pierre Savorgnan de Brazza et ses compagnons tant dans l'Alima que dans le Haut-Congo.

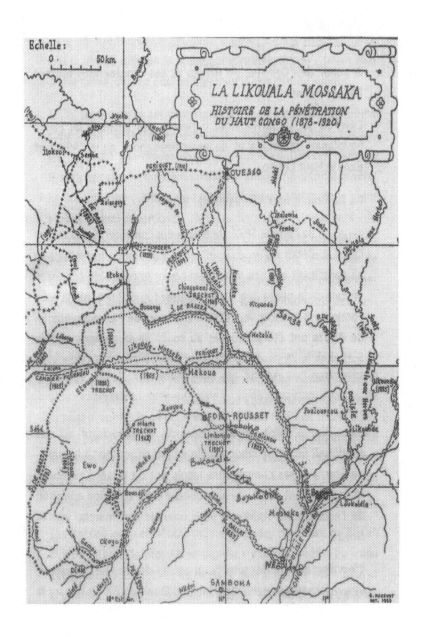

Echelle:

LA LIKOUALA MOSSAKA
HISTOIRE DE LA PÉNÉTRATION
DU HAUT CONGO (1878-1920)

CHAPITRE I : A partir de l'Ogooué, P.S. de Brazza et ses compagnons tentent l'aventure vers l'Est

I-1 De Brazza sur l'Alima (1878)

Au cours de l'année 1877, de Brazza dut constater que la rivière Ogooué n'était qu'un cours d'eau d'importance secondaire et ne constituait pas une voie directe pour le centre du continent africain : « je pense que nous prendrons la rivière Mpassa pour continuer à avancer vers l'Est ». Ces mots de Pierre Savorgnan de Brazza ont été prononcés au cours de sa conférence à la Sorbonne le 24 Janvier 1879. A cet effet, il avait fait remarquer que « l'Alima lui offrait une occasion beaucoup plus favorable pour continuer la route vers l'Est ».

Bien que n'ayant aucune idée de l'embouchure où les conduisait ce fleuve «qui semble ne pas déboucher à la mer », de Brazza et ses compagnons résolurent de tenter l'aventure. Mais, ils durent assez vite abandonner cette direction en raison de l'hostilité des Apfourou pour orienter leur marche vers le Nord...

C'est ainsi que fut découverte un peu au dessus de l'Equateur, une rivière très importante coulant d'Ouest en Est en suivant la ligne équatoriale : « La Licona ». C'est une rivière longue d'environ 650 km entre sa source et son embouchure qui se jette dans le fleuve Congo. Les indigènes expliquèrent à Brazza que « la rivière devenait bientôt si considérable qu'il fallait plus d'une demi-journée pour la traverser d'une rive à l'autre ».

Enfin, de Brazza et ses compagnons arrivent quand bien même sur l'Alima par la rivière « Nghélé », l'actuel « Djiélé », au Sud, qui se jette elle-même dans la « Mpama » (Lékéty) que de Brazza appelle «Liba » (en Likouba = Eliwa) qui signifie rivière. Se trouvant en rupture de ravitaillement en vivres dans cette région semi-désertique, les explorateurs traversent le « Ngambo » et cherchent à entrer en contact avec les habitants des villages, des Batéké, non sans peine pour demander de quoi manger. Ces derniers leur recommandent d'aller chercher du manioc chez les « Apfourou » qui sont les habitants des rives de l'Alima.

Le nom d'Apfourou sera communiqué à Brazza par les Batéké. Apfourou serait chez les Batéké une onomatopée assez expressive représentant le bruit du pagayage : le choc de la pagaie contre la pirogue et le frou-frou de l'eau (Prat 1917). Il désigne les habitants des rives de l'Alima qu'on appelle aussi les Banguèlè, à cause de leur position en aval de la rivière. Alors qu'eux-mêmes se donnaient pour nom les Abangui ou Ambangui.

Les Batéké leur refusèrent même de l'eau, en disant qu'il y en avait à l'Alima ; le mot Alima signifie « eau profonde » ou « eau étendue selon Prat (1917)». Nous notons de passage que la syllabe ma = eau, et d'une manière plus générale = liquide. Elle se trouve dans les noms d'autres rivières telles que la Mpama ; la Ma-mbili ; ainsi que dans ceux de la plupart des liquides :

ma-fouta = l'huile ; ma-sanga ou ma-lafu = le vin de palme ; ma-longo = le sang (en Likouba) ou ma-kila = le sang (en Lingala) ; ma-kayi = le sang (en Bouègni) ; ma-souba = les urines, etc.

Puis, le lendemain du 11 Juin 1878 (premier contact de Brazza avec les Apfourou), de Brazza et ses compagnons devaient comprendre la situation dans laquelle se trouvait cette contrée où ils avaient pourtant remarqué des surfaces de terrains livrés à la culture. Ils se rendirent alors dans le village Obémba, à environ 20 km en aval du confluent de la « Mpama » et de la «Nghélé », sur la rive gauche de l'Alima. Obémba, chef du village Obémba, fut un personnage assez considérable, qui accepta facilement les cadeaux qui lui furent proposés. C'est aussi grâce à lui que de Brazza put acheter un peu de vivres et surtout les pirogues dont il avait besoin pour descendre l'Alima.

A la descente de l'Alima, de Brazza et ses compagnons rencontrèrent une résistance farouche des « Apfourou ». Les combats se déclenchèrent. Les « Apfourou se battaient avec courage », reconnaît de Brazza. « Je me souviendrai toujours de l'homme qui était dans la pirogue de tête ; il ne cessa jamais de se tenir debout et d'agiter son fétiche au-dessus de sa tête. Il fut préservé des balles qui pleuvaient autour de lui », devait-il ajouter. Pour ne pas répandre le sang inutilement, de Brazza fit arrêter le feu. L'expansion campa trois jours sur le banc de sable où elle était installée, espérant encore descendre l'Alima.

Mais, les informateurs Batéké font savoir à de Brazza qu'une nouvelle attaque se préparait vers le bas. De Brazza et ses compagnons décidèrent alors de prendre la marche par terre.

Dans la nuit du 3 au 4 juillet 1878, au prix de mille et une difficultés, et après avoir sacrifié de nombreux colis qui risqueraient d'alourdir sa marche, l'expédition réussit à rompre le contact avec les « Apfourou » (Mazenot, 1970).

Nous notons en passant que les informations que nous avons recueillies ne viennent pas seulement des populations Batéké, mais aussi des descendants des chefs « Apfourou », installés comme leurs ancêtres dans la zone lagunaire bordant le Congo entre le 1er et le 2ème degré de latitude Sud, et connus sous le nom de « Likouba» dont l'un d'eux est Monguia Charles, chef de Canton des lagunes dans la Sous-préfecture de Mossaka. Monguia lui-même de race « Likouba », est l'enfant biologique de Madzama mais reconnu par Eyoka ; il est l'un des descendants directs de Ndombi-Boloundza, le chef des « Apfourou ». Nous avons également retrouvé ces informations dans la revue « Liaison » n° 46 de l'année 1955, publiée par Mambéké-Boucher Bernard qui est le beau-frère de Monguia. Cependant, Ndombi-Boloundza serait à son tour le descendant du patriarche Ngobila qui, chassé par les Banda et les Ngbaka, aurait abandonné le territoire de « Nghiri » pour s'installer sur les rives droites du Congo, à Mbandza, avec son peuple.

La tradition orale nous apprend que Boloundza ou Ndombi, installé dans la basse Alima à la imite du pays Mbochi, avait réussi à se constituer le monopole du commerce du

14

manioc avec les Batéké. Il contrôlait ainsi tous les marchés ouverts dans chaque grand village et entretenait des rapports dans les régions productrices du manioc. Le chef Obémba semblait avoir été l'un de ceux-là dans la Haute-Alima. Mais, il était jaloux de la richesse de Boloundza. Ce dernier se trouvait dans la région quand des rumeurs commencèrent à circuler selon lesquelles trois hommes à peau blanche, accompagnés d'une escorte d'une trentaine de Noirs, coiffés de chéchias rouges, se dirigeaient du côté du soleil levant, venant des plateaux Batéké. Il fut témoins de la trahison d'Obémba qui, ignorant sa présence, reçut les étrangers et leur donna même de précieux renseignements sur le peuple Apfourou (Mazenot, 1970). La nouvelle se répandit très vite tout au long de la rivière. Car, du village d'Obémba, il fallait cinq à six jours à une pirogue pour descendre jusqu'à l'embouchure de l'Alima, et le double environ pour remonter.

Le jour où de Brazza et ses hommes, montés sur huit pirogues pleines de marchandises commencèrent leur navigation sur l'Alima, les embarcations des "Apfourou" en tête desquelles se tenait Boloundza, leur barrèrent le passage. Boloundza entonnant un chant de guerre, donna le signal de « l'attaque » en même temps qu'il agitait au-dessus de sa tête le fétiche « Mokouba » qui le rendait invulnérable. Des guerriers furent fauchés autour de lui par les tirs des Laptots, mais, lui, aucune balle ne l'atteignit. Il invoquait les mânes de ses ancêtres lointains, récitait sa généalogie, étalait ses actes de noblesse, encourageait et excitait ses hommes au combat que

15

malheureusement la nuit arrêta. De grands feux furent allumés, les « Apfourou » dansèrent toute la nuit pendant que de Brazza et ses hommes prenaient position sur la rive...

« La bataille du lendemain tourna à la déroute pour Boloundza et ses guerriers. Les Laptots retranchés à terre, tirant de manière beaucoup plus précise que la veille. Cependant, de Brazza à cours de munitions, jugea plus prudent de ne pas s'obstiner à vouloir descendre l'Alima. Cette rétention de Pierre Savorgnan de Brazza lui a permis de comprendre que les Batéké étaient sous la domination des « Apfourou » et exploités par eux. Ces derniers étaient en mesure de dicter leurs lois aux Batéké de l'Alima qui, bien que constituant un groupe ethnique assez armé de fusils, avaient pour principale activité commerciale le trafic des esclaves. Ce sont eux qui procuraient aux Abangui le sel noir dont de Brazza à l'époque ne s'expliquait pas la provenance. Il a fallu attendre son frère Jacques de Brazza pour en savoir l'origine : c'est à partir d'eau saumâtre portée à ébullition dans des vases de terre cuite et à laquelle ont été incorporés des débris de peau de banane que l'on obtient une poudre noire qui sert de sel (Mazenot, 1970).

Si de Brazza a eu des contacts avec les « Apfourou » de l'Alima, il n'a pas eu l'occasion d'entrer en rapport avec ceux du grand fleuve. Huit ans plus tard, à l'autre extrémité de la rivière, les explorateurs français qui ont découvert son embouchure n'ont pas eu non plus la possibilité de les approcher, ce qui a contribué sans doute, à accroître le caractère mystérieux de cette population.

Ainsi donc, Ngobila demeure pour les Likouba un homme mythique, Abraham Ndinga-Mbo l'a reconnu aussi dans son livre sur l'introduction à l'Afrique des migrations au Congo Brazzaville. « Mokémo-Botoké qui est aussi l'un des descendants de Ngobila, aurait conduit les Bobangui de la diaspora en aval du pays des confluents, le long du fleuve Congo, en plein cœur du pays Téké » (Abraham Ndinga-Mbo). Par contre, un descendant du patriarche Yénga que Charles de Chavannes avait rencontré le 29 Juin 1885 à Mossaka, nous confirme que le patriarche Ngobila était resté à Mbandza ; Ngobila fils quant à lui, avait choisi de descendre avec un groupe d'hommes vers les pays téké. De toutes les façons, Mokémo-Botoké ou Ngobila fils, sont tous issus d'une même souche. Le nom Botoké est le surnom de Mokémo qui signifie ici, un poison constitué de sève d'eucalyptus utilisée souvent dans la pêche aux poissons d'étangs et de rivières. La tradition des Moye (situés dans la région des Batéké) qui se disent ses descendants, permet de localiser sa zone d'influence, « Bobangi bo me Botoké ».

Enfin, de tous les témoignages qu'on a pu recueillir, de toutes les informations qui nous sont parvenues, tout cela exprime la bonté et le courage extraordinaires de l'homme de Brazza à l'endroit des peuples autochtones, bonté qui fera de lui un explorateur hors du commun.

PIERRE SAVORGNAN DE BRAZZA

1-2 Albert Dolisie dans le Nord de l'Alima et dans le Haut-Congo

Au début du mois d'août de l'année 1884, le 9 août exactement, Dolisie quitte Brazzaville à bord *du "Ballay"* pour explorer la région au-dessus de l'Alima. Les instructions reçues par de Brazza avant son départ pour le Congo, lui précisaient que l'une des deux chaloupes qui étaient mises à sa disposition devait servir à remonter le Congo. Bien avant le 16 mai 1884 le Ministère de l'Instruction Publique, qui finançait la plus grande partie de la mission, rappelait à la Marine le double but de cette mission : assurer d'une part, les résultats des premières découvertes en prenant possession de la seule voie qui, malgré toutes les difficultés soit maintenant le plus sérieux débouché commercial ; Brazza a été chargé, d'autre part, de continuer personnellement sa véritable entreprise scientifique, c'est-à-dire l'existence d'une autre voie commerciale par le Niari ou remonter le Congo et explorer ses affluents au-dessus de l'Alima.

Le Commissaire général du gouvernement dans l'Ouest Africain qui, jusqu'à présent, n'avait pu lancer certaines explorations importantes, faute de personnel, tenait néanmoins à produire une action aussi lointaine que possible sur le Haut-Congo pour avoir en main, à l'heure voulue, des éléments de compensations.

Dolisie qui avait déjà traité avec les chefs du village Essoukou, se disposait à regagner le Gabon, via Lékéty, pour rentrer en France. Le 6 octobre 1884, il rencontrera dans la Basse-Alima, le Commandant qui lui demandera de passer par les Bangala.

Dolisie remonta donc le Congo pour aller soi-disant acheter des pirogues plus haut : il faut éviter que le bruit de son voyage aille de l'autre côté. De Brazza lui a promis des renforts en la personne de son frère Jacques et de Atillio Pecile, qui, tous deux se trouvaient à Brazzaville à ce moment là ; ils furent leur jonction avec Dolisie au début du mois de décembre. En attendant, Dolisie avait déjà passé une nouvelle série de traités avec les roitelets locaux qui ont été signés à Essoukou par les successeurs du roi Mokémo (Ibaka, Molouka, Ibaka, Sili, Mokémo et Mangui) et un autre du 25 octobre portant la griffe de Ndombi, roi de Bonga. Nous signalons en passant que le chef Ndombi, qui signa le traité du 25 octobre n'est pas le Ndombi-Boloundza dont il a été question précédemment ; mais le Ndombi qui fut un ancien esclave de Mpakama le chef de toute la Basse-Sangha et auquel il serait succédé, et non celui qui a ouvert à De Chavannes le Chemin de l'Alima. C'est là que Jacques de Brazza et Pecile retrouvèrent Dolisie qui avait envoyé le *"Ballay"* en réparation à Lékéty.

Le 14 décembre 1884, la navigation reprit sur le grand fleuve à bord de cinq pirogues. La direction septentrionale qu'ils suivaient depuis plusieurs jours finit par les faire douter qu'ils n'étaient plus sur le Congo, et qu'ils s'étaient engagés sur un autre affluent de droite qui se révélera plus tard être la Sangha.

Ils remontèrent ce fleuve jusqu'à 0° 30' de latitude Nord, passant des traités dans les villages où ils s'arrêtaient : à Mondjomba-Moyaki, le 6 novembre ; à Bokouango, le 30 novembre ; puis encore à Bonga avec la cheffesse Ekombabéka et à Ngouala, le 12 décembre ; à Boloumbi, le 29 décembre ; enfin à Pouloungou le 2 janvier 1885.

Mais, l'état de santé de Dolisie les obligea à faire demi-tour le début du mois de janvier 1885, et l'expédition retourna à Brazzaville où elle arrivera le 22 janvier. Cependant, Dolisie regrettera de n'avoir pas été dans l'Oubangui avant le missionnaire anglais Grenfell qui revenait d'un voyage dans le Haut fleuve. Il fallait donc se presser...

Dans sa deuxième tentative en direction de l'Oubangui, au mois d'avril, Dolisie ne fut pas heureux d'apprendre la découverte de ce fleuve par Grenfell. Ainsi, profitant des pouvoirs que De Chavannes lui aurait cédés le 18 mars 1885 par un acte officiel, la partie du Congo située, en amont du confluent de l'Alima, Dolisie et le Briz quittèrent Brazzaville de très bon matin pour ne pas être vus de leurs concurrents, mettant à profit l'immobilisation momentanée des deux vapeurs de l'Association Internationale. Dolisie devrait donc aller prendre position au nom de la France sur les rives de l'Oubangui. Là encore, Dolisie va se tromper pour une deuxième fois en remontant la Sangha au lieu de l'Oubangui.

A cet effet, le premier poste français sur la voie Congo-Oubangui fut installé dès le début de l'année 1885 à Bonga sur l'embouchure de la Sangha. Le terrain nécessaire à cette installation avait été cédé par la cheffesse Ekombabéka, vers la fin de l'année précédente à Dolisie qui le trouvait cependant mal situé. Mais, il était trop tard pour songer à en chercher un autre, car, Froment, sur ordre du Commissaire général avait déjà commencé les travaux au mois de février 1885. Par contre, lorsque de Brazza vint à Bonga, au mois d'août, venant de Pombo (sur l'Alima) et se rendant à Nkundja (sur l'Oubangui), il trouva le poste de Bonga tellement malsain, qu'il ordonna son évacuation au profit du poste de Nkundja (le manque de personnel faisant défaut). Que le site de Bonga soit mauvais, mais, où trouver dans cette vaste zone d'inondation que constituent les deltas de la Sangha et de la Mossaka, un emplacement qui ne fût pas recouvert par les eaux au moment des crues ? Par contre, la situation de Bonga à l'embouchure des deux voies d'eau très fréquentées était excellente, ce qui valait à cette agglomération composée de plusieurs villages distincts, un privilège commercial que Dolisie avait noté dans la lettre qu'il adressa à de Brazza le 4 avril 1885, et que Froment, membre de la Société de Géographie de Lille, en 1887, en rapport avec le rôle d'intermédiaire entre l'amont et l'aval joué par Bonga, évaluait la population à 5.000 habitants.

Finalement, pour des raisons de politique internationale, de Brazza préféra sacrifier le poste de Bonga au profit de celui de Nkundja dont l'installation sur la rive gauche de l'Oubangui était à peine commencée. C'est Ponel qui était chargé du poste de Pombo qui construisit le poste de Nkundja sur le terrain choisi par Dolisie au mois de mai 1885 et qui lui avait été cédé par le chef Lingoli-Mokoko. Rouvier y trouva, en janvier 1886, une maison d'habitation pour le chef de poste, trois cases servant à loger le personnel et les boys ainsi qu'un poulailler, toutes constructions faites en briques non cuites et mal séchées sur lesquelles il porta un jugement catégorique : le poste est à refaire.

En dehors de la raison sur la fragilité des installations, la convention franco-belge du 29 avril 1887 qui régla le problème de la frontière avec l'Etat Indépendant, avait attribué la rive gauche de l'Oubangui à l'E.I.C. (Etat indépendant du Congo). Des instructions furent envoyées par le Ministère de la Marine en septembre 1887, ce qui amena De Chavannes, à l'occasion d'une tournée qu'il effectua dans le Haut fleuve au mois de novembre, à choisir sur la rive française l'emplacement d'un nouveau poste. Le site choisi est Liranga, car situé au confluent du Congo et de l'Oubangui. Un an après, une mission est créée par le père Augouard ; elle sera perçue comme un fait éminemment favorable quant au partage de compétence territoriale entre Mgr Carrie et le Père Augouard.

Lorsque le Père Augouard apporte à De Brazzaville en mars 1890 la nouvelle du massacre du chef de poste de Modzaka et de sa suite, la décision fut prise de supprimer ce poste et de renforcer les postes de Liranga et de Bangui. Un rapport fut rédigé consacré aux actions de répression menées par le Commissaire de district des Bangala, un certain nommé Baert, qui eurent pour résultat de pousser les habitants des villages situés sur la rive belge à se réfugier en territoire français.

C'est pour cela le village Irrebou, entièrement détruit par le fonctionnaire belge se reconstruisit partiellement sur la rive droite du Congo à une trentaine de kilomètres en aval de Liranga. Cholet nota dans son rapport que les gens de Bonga avaient eu leur village incendié en juillet 1889 par ces mêmes Irrebou dont ils étaient de farouches adversaires. Par la suite, les Bonga et les Irrebou continueront à se faire chroniquement la guerre jusqu'au jour où l'administrateur de Brazzaville, réussit une médiation entre leurs chefs respectifs : Mounia pour les Irrebou et Pébé (le successeur d'Ekombabéka) pour les Bonga.

Trois ans plus tard, un autre poste fut installé à une quarantaine de kilomètres en aval, à Loukoléla, création justifiée par l'éloignement de Liranga par rapport à la Sangha. Le poste de Loukoléla fut donc crée en 1898 ; par contre, celui de Liranga fut fermé en 1905.

Albert Dolisie   (1856-1899)

1-3 De Chavannes découvre Mossaka

Six jours après l'arrivée à Brazzaville des nouvelles sur la signature de la convention de Berlin, De Chavannes quitte la station française du Pool pour le Haut fleuve. Le 9 mai 1885, il arrive à Bonga où le chef de poste nouvellement créé, Mr Froment, lui apprend que Dolisie l'a quitté depuis le 23 avril. Mais, il ne cherche pas à le joindre immédiatement et se rend d'abord à Lékéty. De Chavannes a néanmoins informé Dolisie des dispositions de l'acte de Berlin et de la convention franco-belge du 5 février 1885. Revenu dans la zone lagunaire située sur la rive droite du Congo au Nord du delta de l'Alima, de Chavannes identifia le 10 juin 1885 en suivant de chenaux qui devaient le mener à Bonga, la rivière découverte par Dolisie. Il n'en fit toutefois la reconnaissance qu'après avoir retrouvé ce dernier à Nkundja qu'il quitta le 19 juin pour Bonga où il arriva le 21. Il y trouva une lettre de Pierre Savorgnan de Brazza qui ne reconnaît en rien de la fondation de Nkundja, ni de la fin de la conférence de Berlin, « je suis aussi ignorant qu'une carpe et je ne sais rien de ce qui se passe », avouait le commandant.

Le poste de Bonga n'est composé que de deux cases de fortune élevées sur un étroit espace, à même la berge qui est à peine haute de 2 mètres. L'adjudant Pierron doit bientôt en prendre possession ; il faut donner de l'air à ce poste. De Chavannes entreprend un sérieux débroussaillement dans lequel les herbes, les buissons et les arbres disparaîtront.

Le terrain est nivelé tout autour des cases et, chose à noter, les deux femmes réfugiées (qui craignaient des représailles dans le village), sans qu'on les y ait conviées, travaillent avec les hommes des explorateurs. Pendant que Chavannes dessinait le croquis du poste, le Sénégalais Mallah revient de la chasse ayant tué un buffle.

Après huit jours de repos dans ce poste, le lundi à 7 heures du 29 juin 1885, De Chavannes, recrute des guides et reprend son exploration en direction du sud : il aperçoit de loin beaucoup de buffles et un éléphant, par-dessus la berge basse. Un petit chenal qu'il prit le fait tomber dans la Likouala ; un autre chenal très petit qui s'ouvre à travers les grandes herbes et la brousse le conduit à Mossaka vers midi. Il y vit un indigène au bord du fleuve, dans une pirogue ; il demanda à son guide, si ce dernier est le propriétaire du campement. L'indigène* répondit : « je ne suis pas le propriétaire, j'ai reçu l'autorisation de placer mes nasses ici, vous pouvez aller là-haut les rencontrer ». De Chavannes y trouva une population forte de 800 habitants environ, repartie entre cinq quartiers commandés chacun par les chefs Mokouna, Djaombissa, Kimouaka, Bobaka et Yenga.

---

*Selon la tradition orale, l'indigène serait un certain Charles Makata.

La population est peureuse ; la disposition du village fait songer à celui des Likouba. Echange de cadeaux, De Chavannes attire les enfants, ensuite les femmes par des distributions de perles, puis il y établit le campement pour la nuit. Le lendemain matin, il se mit en route dès 7 heures. La Likouala est descendue jusqu'à son affluent : la rivière est large de 200 à 250 mètres environ, cachant le village derrière d'immenses îles qui constituaient un bouclier entrecoupé de chenaux. C'est à la disparition de ces îlots par un travail d'affouillement des eaux que Mossaka fut visible à nos jours ; son courant est faible ; elle est peuplée d'hippopotames. De Chavannes remonte ainsi la Sangha et arrive à Bonga à 3 heures et demie de l'après-midi.

Sa reconnaissance a été de courte durée par la suite du mauvais vouloir d'un de ses guides du nom de Moleke qui a refusé obstinément de remonter la Likouala. Etait-ce paresse de sa part ? Il semble que son refus était plutôt dicté par la crainte de faire connaître à l'explorateur le chemin du commerce. Dans le Haut de la Likouala, il y aurait des mines de fer, les populations y seraient agressives. Il apprit néanmoins l'existence d'une de ses sources, la rivière Koyo qui vient du pays Mbochi, à trois jours de marche du cours moyen de l'Alima, à environ 70 km.

Après avoir récupéré le *"Ballay"* enfin réparé, De Chavannes regagna Brazzaville où il arriva le 12 juillet. Il n'y resta pas longtemps car le 27 juillet on le retrouve de nouveau à Bonga : sitôt arrivé, il apprend que Massari s'y est installé avec beaucoup de sans-gêne pour faciliter ses reconnaissances de l'Alima et de la Mossaka à l'occasion desquelles ses adjoints Van Ker Coven et Van Der Plass se sont livrés à une propagande indiscrète pour l'Association Internationale du Congo. De Chavannes pense que Massari doit se douter de l'existence de la Sangha dont il a volontairement laissé ignorer l'existence au chef de poste Pierron. Le 2 août 1885 De Chavannes fit sa jonction à Pombo avec Brazza qui lui apprend la fin de la mission de l'Ouest Africain consécutive à la signature de la convention de Berlin. Il lui apprend également la mort de Lastours survenue à Madiville au cours des préparatifs d'une expédition projetée dans le Nord du Congo. De Brazza note également qu'il était bien trop tard pour entreprendre une œuvre de longue haleine surtout au moment où lui-même, rappelé en France, allait passer le service au capitaine Pradier. L'exploration fut montée : il confia le commandement à son frère Jacques.

CH. DE CHAVANNES ARRIVE A MOSSAKA

I-4 Jacques de Brazza découvre les rivières Licona et Likouala-Mossaka

Jacques de Brazza est né le 14 décembre 1859, il est de sept ans le cadet de Pierre. Par sa formation, il est docteur en sciences; au début, il était un peu à part au sein de la mission de l'Ouest Africain. Sa mission relevait du Muséum pour des travaux de recherche scientifique, créée par le ministère de l'instruction publique sur les instances de Mme la comtesse veuve de Brazza qui désirait voir un membre de la famille italienne être présent auprès de son fils naturalisé français. Jacques de Brazza dont l'Ouest Africain assurait les moyens de voyage et l'entretien de sa mission, aurait pour toute rétribution la moitié des objets de collection qu'il rapporterait quant les échantillons se présenteraient en double.

Cette chasse aux objets de collection paraît avoir engendré d'ailleurs une rivalité assez aiguë entre certains membres de l'Ouest Africain et Jacques de Brazza qui a été divertissement apprécié par le personnel européen de la mission : le principal grief qui lui était fait ayant surtout trait à sa nationalité.

Jacques de Brazza et son compagnon Attilo Pecil durent très vite s'atteler à la même besogne que les autres membres de la mission de l'Ouest Africain. Son engagement de deux ans et demi par le Ministère de l'Instruction publique ayan pris fin le 27 Mai 1885, Jacques de Brazza se préparait à rentrer en Europe, et dans ce but, escortait jusqu'à Madiville ses quatorze pirogues chargées de collections. C'est là qu'il reçut l'ordre d'accompagner Lastours dans son exploration vers le Nord et Lastours étant décédé, il fut chargé de poursuivre la mission prévue avec le même objectif.

Cette mission visait, d'une part, à couper le développement dans l'Est des ambitions allemandes au Cameroun et, d'autre part, à étendre les connaissances que l'on avait à l'époque sur les affluents de la partie Nord-Ouest du Congo.

Ainsi, partis de Madiville le 12 juillet 1885, Jacques de Brazza et Atillo accompagnent Dolisie dans ses voyages sur l'Ogooué et la Sangha ; peut être ont-ils pénétré dans l'Oubangui sur le vapeur "*Le Ballay*" ?

« Nous sommes passés à l'embouchure de la Licona qui ne s'appelle nullement Licona dans ce pays-ci du moins, les indigènes la nomment soit Ncouta, soit Ubanghi (J. de Brazza, 24 mais 1885) ».

Jacques, Atillo et une trentaine d'indigènes passent du bassin de l'Ogooué dans celui du Congo en traversant le village d'Ilokou, près de la Sékoli, affluent du Mambili. Devant l'hostilité des indigènes, Jacques décide de rebrousser le chemin. On lui refuse des guides et des porteurs. Il fait construire neuf radeaux et entreprend de descendre la rivière. Le 1er janvier 1886, l'expédition arrive sur la rive droite du Congo, en aval de la Sangha, épuisée et à bout de ressources. Elle est secourue par le vapeur "*En avant*" de l'Etat Indépendant du Congo. Les résultats très importants de cette expédition sont acceptés par Pierre Savorgnan de Brazza lui-même en raison des problèmes de délimitation des frontières avec l'Etat Indépendant et des négociations en cours.

C'est une rivière aussi large que l'Alima, plus large même dont le confluent avec le Congo fut reconnu au mois de juin dans la même année par De Chavannes. Ce dernier fit le relevé et précisa à cette occasion que la rivière s'appelait en réalité depuis la ligne parallèle à l'Equateur jusqu'à sa sortie sur le fleuve Congo, Likouala, et qu'elle était parfois improprement désignée sous le nom de Mossaka qu'elle emprunte aux groupes de villages voisins. C'est peut-être pour concilier les deux usages que De Chavannes proposa la dénomination de Likouala-Mossaka.

Après le passage de Jacques, on comprit bien que la Licona découverte par Pierre Savorgnan de Brazza, et la Likouala descendue par son frère Jacques, rivière dont le confluent avec le Congo avait été reconnu par Dolisie puis De Chavannes, ne formaient qu'un seul et même cours d'eau.

Le nom composé proposé par De Chavannes ne fut que très progressivement   adopté. Cela a permis de distinguer la rivière dont le bassin était concédé aux frères Tréchot de l'autre Likouala toute proche dite "Likouala-Essobi" ou Likouala-aux-Herbes.

En effet, tous les documents cartographiques de l'époque, sauf peut-être la carte dressée par la mission Bobichon en 1904, continuèrent à appeler la rivière par la première partie de son nom, et ce n'est qu'après l'établissement de la carte de l'A.E.F. par le capitaine Périquet en 1910 que la dénomination de la Likouala-Mossaka fut seule désormais utilisée. Et, en 1920, on donna le nom de la Likouala-Mossaka à la circonscription administrative qui s'étendait sur la majeure partie de son bassin que l'on considère généralement comme constituant le Haut-Congo.

Cette circonscription conserva son nom jusqu'en 1961, date à laquelle les dirigeants de la République du Congo commencèrent à démembrer la grande région du Nord du pays. Les exigences administratives nouvelles, nées de l'indépendance du Congo, s'accommodaient mal en effet des dimensions impressionnantes de la vieille Likouala-Mossaka dont Mazenot fut le dernier à avoir assuré le commandement.

La découverte de la Likouala-Mossaka fut assez laborieuse pour Jacques. Ce n'est pas très étonnant si l'on veut bien essayer de se représenter la rive droite du Congo entre le 1er et le 2ème parallèle au Sud de l'Equateur, disait-il. La dénomination récente de "Cuvette congolaise" s'appliquant à toute la partie du Congo située au Nord des plateaux Batéké et au centre de laquelle se trouve le bassin de la Likouala-Mossaka, évoque assez bien le paysage ; elle évoque d'autant mieux dans la zone considérée que celle-ci correspond au fond de la "Cuvette". Jacques de

Brazza débouchant de l'Alima décrit ainsi l'impression qu'il ressent au contact du grand fleuve : « c'est sans exagération, quelque chose de grandiose, d'immense, de fou ; le Congo est un énorme lac garni d'une quantité d'îles au travers desquelles on ne voit que le ciel et l'eau ».

Un an plus tard, il écrit que « le Congo n'est plus un grand fleuve, mais un faisceau de fleuves, l'un voisin de l'autre et communiquant ensemble. Au milieu de ces îles innombrables et dans ce faisceau de fleuves, il est bien difficile de savoir si on navigue sur la Congo ou l'un de ses affluents ; et si l'on pense avoir quitté le fleuve principal il n'est pas certain que l'on puisse indiquer avec exactitude de quel affluent il s'agit... »

Jacques a laissé de nombreux témoignages dans ses carnets. Le 25 Avril 1907, le Ministre des colonies lui confère la médaille coloniale avec comme inscription "Gabon-Congo".

Chapitre II : Les groupements humains de la Likouala-Mossaka

Les ethnologues ont encore de nos jours, du mal à établir une classification exacte à chaque groupe ethnique sa place dans les différentes catégories habituellement utilisées. Certes, des parentés qui ont pu être établies paraissent difficilement contestables, surtout au niveau de chaque groupe. Néanmoins, il est préférable d'adopter une présentation des groupements humains qui y sont installés et qui sont fondés sur l'habitat et le genre de vie, qui a l'avantage d'être plus immédiatement perceptible. C'est en tout cas ceux que nous pouvons suivre avec moins de risques, compte tenu des éléments que nous avons à notre disposition.

La présentation que nous faisons ne met peut-être pas suffisamment en évidence la notion de peuplement par vagues successives, c'est-à-dire un groupe ethnique chassant l'autre et prenant sa place ; par exemple, les Mbochi chassant les Mbéti de la région située au Nord de Lebango. A cet effet, il existe donc des hommes de la forêt, des hommes de la savane et des hommes d'eau. Enfin, cette classification s'impose encore de nos jours, et G. Sautter (1882) a très justement noté que dans la Cuvette congolaise, la distribution ethnique était en relation assez frappante avec les traits du milieu physique.

Cela est d'autant vrai au niveau des clans qu'au niveau des tribus ; en passant de l'une à l'autre, le voyageur contemporain qui descend de l'amont vers l'aval (par exemple d'Oyo à Nkonda, a l'impression d'être en présence d'une seule ethnie, parce que tous parlant la même langue et ayant les mêmes techniques de pêche), ne peut manquer d'éprouver une indéniable impression de continuité ethnique que la succession des paysages intermédiaires traversés ne peut que renforcer.

II- 1 les hommes de la forêt (Umbété ou Ombamba, Bakota et Pomo)

C'est au début de l'année 1878 lors de la 1ère expédition que de Brazza fit connaissance dans la forêt du Haut-Ogooué avec les Umbété dont elle traversa le pays avant d'arriver chez les Batéké. L'expédition hiverna de septembre à décembre 1877 et se remit en marche en janvier 1878. «Nous traversâmes le pays des Umbété qui nous pillèrent quelques caisses et nous arrivâmes chez les Batéké qui firent des tentatives d'attaques », disait de Brazza dans sa lettre au Commandant supérieur du Gabon.

Six mois auparavant, Ballay était déjà arrivé tout près des Umbété (le 30 juin 1877, il avait passé nuit dans le village Ombamba, après avoir atteint la rivière Sébé). Les Umbété dont parle de Brazza constituent une des tributs les plus importantes d'un groupe ethnique centré actuellement sur Okondja et désignés autrefois par l'administration française sous le terme génétique d'Ombamba. De Brazza nous précise que les Umbété ainsi que leurs parents les Ossété ne forment qu'une des subdivisions de la grande famille des Ombamba qui peuplent la forêt du Haut-Ogooué et que leur type se rapproche de celui des Pahouins et des Okota.

La ressemblance avec les Pahouins et les Okota avait déjà frappé *Mizon (1882) pour qui les Ombamba étaient des guerriers pillards,* repoussant devant eux tous les peuples en brûlant leurs villages. De Brazza qui, de son côté, leur trouvait des affinités avec les Batéké, s'en faisait une opinion analogue et les tenait pour les ennemis nés de toutes races des contrées découvertes. Selon la tradition orale ou contraire, les Ombamba auraient effectué leur migration à partir de la région située au Nord-est d'Etoumbi sous la pression des Mbochi. Le surnom "d'Ombosi" avait été donné par Ngayala, l'ancêtre des Mbéti de l'actuel canton Lékila. Certaines hypothèses disent qu'après le départ de Ngayala du pays d'origine, six chefs se seraient succédé à la tête de la tribu. Sur les six prédécesseurs de l'actuel canton, deux étaient ses frères aînés ; la fin de la migration pourrait se situer autour de l'année 1870.

D'autres hypothèses font état d'informations voisines, mais elles ne sont pas toujours concordantes : Selon Even, la migration des Ombamba serait due à des dissensions intestines. Pour le docteur Mileto, les Ombamba, probablement originaires de la Sangha, auraient été chassés par les peuplades Bobangi. Henri Deschamps situe le point de départ de leur migration dans la région d'Ewo, et l'attribue aux Mbochi. Jacques de Brazza pour sa part, attribue les difficultés des Ombamba aux Okota qui, profitant de l'extrême division de leurs voisins, envahirent leur pays.

Ce qu'il y a de certain, c'est que ces propos haineux commencèrent après la traversée dans la Lékoli, au moment où Jacques de Brazza rentra en contact avec les Bakota. Ces derniers, armés de fusils, alors que leurs voisins immédiats, les Mboko, n'en possédaient pas, se montrèrent hostiles aux blancs. Il remarqua les villages, nombreux rapprochés et très peuplés, et nota qu'ils avaient l'air d'être en état de guerre permanent les uns contre les autres.

Leurs aptitudes guerrières expliquent peut-être la résistance qu'ils opposaient à l'administration au moment de la pénétration et qui entraîna la création en 1913 d'une circonscription dite des Bakota, ayant son chef-lieu à Etoumbi.

Il est d'ailleurs probable qu'à cette époque les Bakota ont connu une extension géographique beaucoup plus grande que celle observée de nos jours, puisque la carte de la mission Périquet (1910) mentionne les Okota au Nord de la moyenne Mambili, c'est-à-dire beaucoup plus à l'Est de l'endroit où ils sont cantonnés actuellement (dans les populations du groupe Sangha).

Au Nord du pays des Okota, Jacques de Brazza fit la connaissance des Bakalaî ou Pomo, population peu nombreuse à la suite d'émigrations importantes vers la côte. Ces gens lui apparurent comme n'ayant pas de villages à eux, mais habitants ceux des Okota et des Ndjabi, très riches en fusils, poudre et marchandises de toutes sortes, achetées aux Pahouins auxquels ils vendent de l'ivoire et des esclaves. Ces races mélangées ne s'étendaient pas au-delà de la Mambili.

Voilà donc les présentations faites avec les trois groupes ethniques habitant la forêt qui couvre la partie occidentale du bassin de la Likouala-Mossaka et la zone à prédominance forestière qui la borde : les Umbété, les Bakota et les Pomo. Ajoutons pour être complet que la présence des pygmées, qui, traditionnellement vivent en symbiose avec les hommes de la forêt, ne fut décelée que dans la vallée de la Bokiba par un des membres de la mission Bobichon, le lieutenant Braun (1904) qui disait « qu'il avait vu des nains à peau claire, à barbe assez longue, d'une taille d'environ 1,30 m chasseurs d'éléphants pour le compte des chefs auxquels ils louent leurs services ».

Les hommes de la fon t

II-2 Les Hommes des steppes et des savanes (Batéké, Mbochi, Ngaré et Mboko, Kouyou, Makoua)

Désirant quitter la vallée du Haut-Ogooué pour s'avancer en direction de l'Est, de Brazza eut recours au début de l'année 1878, à deux guides Umbété qui devaient le mettre en rapport avec les Batéké (on devrait plutôt parler de Tégué pour réserver le nom de Batéké aux populations des plateaux situés au Sud de l'Alima). De la région qu'il traversa, il a noté qu'à part quelques bouquets d'arbres qui couronnent les sommets des collines et abordent les rivières dans les vallées, la forêt a disparu et qu'on ne la trouve plus tant que l'on est dans le pays Batéké. Et de Brazza ajoute : « cette transformation de terrain s'étend aux habitants dont le type est essentiellement différent de ceux que nous avions vus jusque-là. D'un noir plus foncé, de petites tailles, secs et nerveux, les Batéké sont ici au milieu du pays sablonneux et découvert, qui exige de l'homme sa sueur pour lui fournir une récolte périodique ».

Mais, ce travail que leur impose la nature, les a beaucoup élevés dans l'échelle sociale. Pour compléter cet excellent portrait, de Brazza qui avait pourtant été fort déçu de ses premiers contacts avec les habitants de la Haute Alima, nous précise que « les Batéké sont non seulement de bons agriculteurs, mais aussi de bons commerçants, bien que ne possédant pratiquement pas de fusil ». Ce portrait serait toutefois incomplet si l'on ne rappelait pas que les Batéké étaient le seul groupement humain de cette région authentiquement cannibale, ainsi que purent s'en rendre compte les membres de la mission de l'Ouest Africain.

Cependant, Courboin (1908) précise que « ce sont surtout les Ndjabi qui sont plus cannibales ; pour faire cuir la chair humaine et la viande de chien, ils utilisent des marmites spéciales auxquelles les femmes ne peuvent pas toucher. C'est ce comportement des Ndjabi surtout qui était à l'origine de l'échec de la première mission de Brazza ». Il est permis d'évoquer également que les mêmes faits ont été vécus aussi bien par les pères de la mission de Lékéty que les chefs de subdivision des futures circonscriptions de la Mossaka et du Kouyou.

Durs au travail, de mœurs rigides, fermés aux influences extérieures, rebelles à l'action administrative, les Tégué de la Haute-Alima apparaissaient au début du siècle comme une race forte et crainte de ses voisins. Il est difficile sinon déraisonnable, de les imaginer sous la domination d'un quelconque voisin ou même plus simplement exploités par les Apfourou. On ne saurait perdre de vue qu'avec les Batéké considérés en tant que groupe ethnique, au sens le plus large du mot, nous sommes en présence de populations occupant depuis des temps immémoriaux les régions qu'elles habitent actuellement : les plus anciens textes écrits permettent de le penser. Selon Mgr Adam (1954), les Andjihini pourraient bien avoir conservé le nom des anciens Téké du Congo : les Anzika, habitant le royaume bordant au Nord-est celui de Makoko. J. Vansina

(1954) est d'un avis sensiblement différent : pour lui, il est manifeste que le nom du XVIIème siècle d'Anzika est dérivé de Ndziku. On connaît sous ce nom les populations vivant aujourd'hui dans la région de Djambala.

Certes, les limites de l'Etat monarchique centré sur Mbé que les chroniques missionnaires nous ont appris à connaître, étaient moins étendues que celles de l'ethnie Téké qui les débordaient largement : les Tégué de l'Alima (de même que ceux qui sont installés à l'Ouest des plateaux centraux de Franceville à Sibiti, improprement appelés Balali) n'en constituent que la frange septentrionale et occidentale. Par contre, l'ensemble Tégué, malgré de fortes différenciations internes, surtout sensibles à la périphérie (les Tégué, d'Alima sont par exemple très différents physiquement des Ndzikou de Djambala et des Koukouya installés sur le plateau qui porte leur nom ; ils ont néanmoins des mœurs et des coutumes identiques), a su faire preuve à travers les siècles d'une solidité tout à fait remarquable dont on ne rencontre pas ailleurs.

Les premiers Européens à avoir parlé des Mbochi furent les membres de la mission de l'Ouest Africain. Ponel (1885) avait, remarqué que les Mbochi ne connaissaient pas la rivière tout en se trouvant sur ses bords. Pour le moment, contentons-nous de marquer les limites du pays Mbochi sur la rive gauche de l'Alima, telles qu'elles apparurent aux Pères de la mission de Boundji au début du siècle. Dans l'introduction de sa "Petite grammaire mbochi" le R.P. Prat (1917) nous précise que « le

43

pays Mbochi commence dans la moyenne Alima à l'Ouest par rapport à la mission de Saint-François ». C'est là que s'achève la tribu des Tégué. Cette ligne qui partage les deux tribus va exactement du Sud au Nord jusqu'à la rivière Likouala.

Il est à noter que les Mbochi n'étaient pas installés au bord de l'Alima. Quand ils débarquèrent du *Léon XIII*, c'est avec un chef Likouba (Apfourou) nommé Ofemba que les Pères entrèrent en rapport. Les Mbochi étaient à l'intérieur des terres à une journée de marche. Ils allaient jusqu'à Lépana (Kouyou), du moins, jusqu'au confluent de cette rivière avec la Ngoko.

Toutes ces tribus du groupe Mbochi avec lesquelles nous venons de faire connaissance, Mbochi, Ngaré, Mboko, et dont les liens de parenté ont été évoqués, ont ceci de caractéristiques : elles n'utilisent pas les possibilités que leur offrent les cours d'eau traversant les savanes dans lesquelles elles vivent ; aucune d'elles ne disposent de pirogues. On peut même dire qu'elles évitent de s'établir à proximité des rivières, qui sont le domaine des Apfourou pour l'Alima. Les deux autres tribus du groupe Mbochi, les Kouyou et les Makoua, apparaissent à ce point de vue assez différent. Vivant dans la savane certes, mais à la limite de la zone d'eau, elles ont un caractère mixte, car si certains de leurs clans restent résolument tournés vers l'intérieur des terres, d'autres par contre sont largement ouverts sur la rivière.

Chez les Kouyou de droite, par exemple, les terriens se trouvaient dans les clans Okoukou, Etoumou, Kanga qui fêtaient

44

la panthère (ngoyi) alors que les hommes de l'eau étaient les Djenaboandi, des Mokoko ou des Omanda lesquels en plus de la panthère, fêtaient, également le caïman (ébagué).

Comme les Kouyou un peu plus au Sud, les Makoua assurent la transition avec les hommes de l'eau qui habitent en aval de leurs terres : les Likouala et les Likouba.

Une halte de porteurs Batéké

II-3 Les hommes de l'eau (Likouala, Likouba, et Bobangi)

En ce qui concerne les premiers, ils ont été vus en 1885 par Jacques de Brazza au confluent de la Likouala et de la Mambili. Habillés d'étoffes européennes, armés de fusils, les hommes rencontrés par l'explorateur présentaient les tatouages caractéristiques des « Abanho » du Congo. Ils entretenaient des rapports commerciaux avec les Makoua et les Kouyou ; leur centre principal était Loboko au confluent de la Likouala et du Kouyou, endroit bien situé pour contrôler le trafic qui se faisait sur les cours moyens de ces deux rivières. La tradition orale recueillie à Makoua nous apprend que le chef Ona avait passé, avec son homologue de Loboko, une sorte d'accord commercial au terme duquel ce dernier avait accepté, moyennant remise d'un cadeau, de laisser passer les pirogues en provenance de Makoua.

L'identification des embarcations se faisait à l'aide de cris d'animaux ; celles dont les occupants ne connaissaient pas le signal convenu étaient coulées. Grands voyageurs comme les Likouba, les Bobangi tout comme les Likouala, ont été signalés en 1901 dans la rivière Mpama, affluent de droite de l'Alima.

Dolisie nous précise qu'en 1898, la migration de ces tribus eut lieu il y'a quatre générations, ce qui permettrait de les situer au début du XIXème siècle. C'était l'époque où Kotoko-Soungou, le chef des Bobangi, installait ses fils à Loukoléla, à Ngombé, à Nkonda, Tchumbiri, Bolobo et Makotimpoko qui sont des points de passage obligés pour le commerce du fleuve, n'hésitant pas à affronter les batéké des bords du Congo.

Les informations que nous possédons à ce sujet ne sont pas toujours concordantes. Selon Dolisie, les Bobangi, ayant voulu ravir aux Batéké la suprématie des eaux, avaient été battus et contraints d'accepter la paix de Ngandehou qui, tout en les autorisant à descendre au Stanley-Pool faire du commerce, leur interdisait de s'établir en colonie en territoire Téké.

De Chavannes parle également dans une lettre à de Brazza d'une guerre entreprise par les Batéké pour chasser les Apfourou mais de la rive gauche du fleuve Congo où ils avaient tenté de s'établir. Makoko aurait perdu 99 hommes à cette occasion. Dans le même temps, un chef nommé Ngobila, de moindre importance apparemment, quittait avec sa tribu la zone située au confluent de la Nghiri et de l'Oubangui, et occupaient plus modestement les lagunes s'étalant entre les deltas de l'Alima et de la Mossaka, lagunes dont Froment a écrit qu'elles avaient le nom de Likouba.

Par la suite, les populations vivant dans la région furent appelées Likouba, sans que l'on ait songé à retenir le nom d'Abangui (ou Ambangui) que de Brazza avait donné en 1878 aux populations de la Basse-Alima, ni même à rechercher leur dénomination exacte. Car, pour Sautter, les Likouba tireraient leur nom de la forge (nom interprété par un guide Mbochi, Ikouba dans la langue de ce dernier). Les Mbochi les appelaient "ba Nguèlè" qui signifie les gens du bas ; pour les Batéké, ils étaient les Apfourou, qui signifie les étrangers. Dans le mot Apfourou, on trouve aussi Bafourou, Akfru, Bakhourou qui est pratiquement synonyme des populations du fleuve (Prat, 1917).

De Chavannes pour sa part, ne mentionne aucune différence entre les Apfourou, les Abanho, les Bayanzi et les Oubangi ; de Brazza de son côté, après avoir parlé dans son rapport rédigé à l'issue de son deuxième voyage de la paix conclue avec les Oubangui, affirme que les Apfourou sont les maîtres de la navigation du Congo, de l'Alima, de la Licona et de la l'Ikélémba entre Ntamo et le pays des Bangala. Cholet en voit même dans les environs d'Ouesso, et Dybowsky dans le village des Balloï et les Mbondjo.

Encore n'est-il pas certain que les Likouba aient été les seuls occupants de cette région où G. Sautter a relevé par exemple la présence de groupes se réclamant des "Mpama-Bakutu", installés principalement sur la rive gauche du Congo en face de l'Alima. Notons qu'en 1914, Van Stein, sur le tracé de sa carte de la rivière Ndéba (=Likouala), plaçait des "Bakutu" aux environs de Mossaka. Ainsi, chaque cité avait son ancêtre fondateur et un chef successeur de celui-ci. Par exemple, les populations de Bohoulou se désignant par "ba si ntsoko le mbe Noka". A Libala on dira "mboha amba Bombon" ce qui signifie la cité de Bombon ; "Boyoko bo mbe Ebonga", ceux de la cité d'Ebonga, etc. On pourrait multiplier les exemples de ce genre, qui tendent à accréditer l'idée d'une tribu particulièrement puissante ayant une aire de dispersion extrêmement large, dont l'ampleur aurait été à l'échelle du commerce qu'elle pratiquait. Mais, tous ces Likouba restent liés culturellement.

La tradition orale confirme bien, en effet, que l'implantation de la tribu était limitée géographiquement aux langues comprises entre les deltas de la Mossaka et de l'Alima et que l'activité principale des Likouba s'exerçait dans l'Alima. Les Apfourou avaient néanmoins réussi à installer des agglomérations importantes bâties sur des bancs d'argile surélevées en talus, de façon à défier les inondations.

Lorsque l'eau commence à monter dans les villages à l'occasion des crues exceptionnelles, les habitants vont en pirogues chercher de la terre pour surélever le sol de leurs cases. Ils ne songent pas à s'installer même provisoirement sur les terres exondées qui se trouvent par exemple en amont du delta de la Sangha. En 1961, les habitants de Mossaka submergés par les eaux, ont refusé de se laisser évacuer sur Loukoléla (plus des ¾ des habitations furent détruites). De la même manière un essai de transformation tenté par l'administration en 1956 avait déjà échoué.

Ainsi donc, l'on puisse croire qu'à cette époque, c'était de véritables" Venises africaines" où régnait une grande animation. Mais le problème du ravitaillement en manioc oblige très rapidement les Likouba à remonter le cours des rivières voisines. Selon le même témoignage, c'est le chef Mokémo qui aurait le premier navigué sur l'Alima, tandis que d'autres sources orales indiquent Boloundza et Okambou. Nous notons que le Chef Mokémo est mort peu de temps avant la descente de l'Alima par Ballay. Les agglomérations des lagunes, et principalement Nkonda situé sur le bras Nord de l'Alima, contrôlaient le fleuve venant du pays Batéké ; un peu plus au Nord, les cinq quartiers de Mossaka occupaient une position analogue par rapport à la Likouala. Quant à la Sangha, elle était verrouillée, si l'on peut dire, par Bonga où se côtoyaient des éléments ethniques assez disparates : des Apfourou ou autres Bobangi voisinaient avec les Bakalaï.

Un piege à poisson : Mokossc

Dans le chapitre qui suit, nous parlerons de l'organisation sociale des populations dans le district de Mossaka.

Chapitre III: Organisation sociale des populations

Les explorateurs et les missionnaires étaient sensibles aux dimensions des villages ou agglomérations qu'ils visitaient, à l'importance des chefs auxquels ils rencontraient. Si l'on s'en tient, pour établir une classification des groupes ethniques, à la conscience de chacun d'eux de son originalité, on ne manquerait pas d'être dérouté. Rien que pour le clan Mbochi, et plus précisément, pour la partie de ce clan installée sur la piste de Litombi-Boyoko, nous connaissons les noms d'au moins six groupements ayant leur individualité : Bobénga, Bongouma, Moponga, Bokouêndzê, Bokéma et Bombongo.

A partir de ces six clans, on pourrait distinguer d'autres sous-ensembles issus de ces premiers et ayant à la tête un chef de clan. C'est ainsi qu'à Bobénga, on parlera d'Epokéndzokou qui serait reconnu par son côté maternel, car son patriarcat se trouverait à Bokando (Libala), ces derniers l'ayant sacrifié pour les travaux du chemin de fer vers les années 1927, sur le mont Mbanba, dans le Mayombe, avec tant d'autres tels que son cousin Makala Maurice du même village, Lokoua de Mitondolo, Momboti Michel de Biangala, Mbondza Paul, Bobianga Gabriel (qui n'a plus fait la route avec les autres parce qu'au moment de monter dans la progue on va remarquer qu'il était devenu une femme et on n'a pas pu le recruter) et tant d'autres de Boyoko-Biri. Si Epokéndzoukou est identifié à Bobénga, tout comme l'ayant droit Ubalde Mobouatsoutsa (car dans cette cité il y avait sept ventres), les clés de Bombongo sont dans les mains de Wongolo, celles de Bokouêndzê à Ewongo, Mboundza, Mognègnè et Donatien Kosso, à Moponga, les regards sont tournés vers Mopoko, Ewango Pascal et Ekombi. A Bongouma, le sabre de commandement se trouve chez Bokatola et Ndongo ; tout comme pour Bombéwo à Bokatola Jérôme et enfin à Bokéma la queue d'éléphant et la couverture décorée d'images de la panthère sont tenues par Antonin Bossoto et ses sœurs.

Le tam-tam est l'instrument de communication inter-villages. Il annonçait la mort d'un dignitaire, avisait les gens pour des opérations précises : le temps des récoltes et de la pêche… et même si le blanc (Lopêmbê, surnommés par les gens de Makénéngué) arrivait dans une localité donnée pour la collecte de l'impôt ou pour faire le recensement administratif, le rassemblement des populations se faisait par le son du tam-tam. La mort de Lipéndiabéka, chef panthère à Boulongoyi (1953) tout comme celle d'Epaniabéka à Bouègni ont été annoncées aux populations par le son du tam-tam, sans compter d'autres signes tels que la silhouette d'une panthère qui traverse tout le village, un éclair qui se brise sur un arbre, le ciel devenant rougeâtre…

Chez les populations de l'inter-rivière entre la Sangha et Likouala, le Dr Maywald, un des membres de la mission allemande de délimitation, a remarqué ceci : « chaque village a une vie propre, quand bien même il trafiquerait avec le voisin et entretiendrait de bonnes relations avec lui ».

Dans d'autres tribus, la prolifération des clans traduisait à sa manière le cloisonnement de la population en petites unités relativement indépendantes les unes des autres, situation qui favorisait l'état d'insécurité dans lequel était plongé le pays. Le R.P. Epinette en 1907, dénombrait 17 clans rien qu'à Kanguini chez les Kouyou ; 11 clans principaux recensés par la mission Van Stein chez les Banguèlè des bords de la Likouala (entre Mossaka et Tokou) sans compter une bonne demi-douzaine de clans entre cette rivière et la Basse-Sangha.

Sur le fleuve Congo, Froment avait noté en 1885, à propos des habitants de Bonga, qu' « on ne les voyait jamais sans fusil, des sagaies ou un couteau à la main ». Ainsi, la moindre querelle dégénérait-elle vite en rixe sanglante dans laquelle étaient entraînés des villages entiers.

En cas de guerre, les sentiers qui mènent aux villages sont criblés de bambous empoisonnés et fichés en terre. Les batailles ont lieu aux abords des plantations ; elles ne sont jamais meurtrières et aux premières victimes, les combattants s'arrêtent et commencent la palabre. Ainsi donc, les groupements humains peuplant le Haut-Congo, nous apparaissent comme extrêmement dispersés et sont en état de guerre quasi permanent, mais capables néanmoins par un système de compensations, de maintenir entre eux un certain équilibre. Quelles formes prenaient ces groupements humains ?

C'est ce qu'il nous faut examiner maintenant sur les caractéristiques de l'habitat dans les régions traversées ou visitées par les premiers explorateurs.

III- 1 Les Agglomérations et Villages

L'habitat est très concentré sur les bords du Congo et dans les deltas de l'Alima, de la Likouala-Mossaka et de la Sangha, là où les terrains exondés sont peu nombreux et utilisés au maximum. Par exemple à Essoukou l'embouchure de la branche Nord de l'Alima, où Dolisie passa un traité en octobre 1884, à Bonga dans le delta de Sangha, dont les chefs traitèrent également avec le même Dolisie ; Mossaka où De Chavannes passa un jour à la fin du mois de juin 1885 ; Likouba, Molondo, Atika, Nkonda visitées à la fin de la même année par Froment ; à Loboko qui fut en 1901 le théâtre d'incidents opposant les frères Tréchot aux populations locales.

A l'autre extrémité du bassin de la Likouala-Mossaka, dans la zone de la forêt, de grands villages furent traversés par Jacques De Brazza et l'expédition Fourneau dans le pays des Okota. Le plus important paraît avoir été celui de Douma dans la Haute-Mambili qui s'étend sur une longueur de 4 km ; c'est le type même du village-rue propre aux civilisations de la forêt. Chez les Mbéti installés au Sud-ouest d'Etoumbi, le R.P. Jeanjean pénétra également en 1912, dans de grands villages formés de cases construites en écorce d'arbre, alignées à droite et à gauche d'une rue centrale. Pour la commodité des recensements, l'administration imposa un plan uniforme de village : deux rangées de cases se faisant face de part et d'autre d'une large rue centrale. Par contre, chez les Likouba on rencontrait un type d'habitat très évolué : on distinguait une case principale et une case secondaire placée en général derrière la principale qui devait servir pour des activités diverses, toutes construites en terre battue mélangée avec la paille.

Dans la zone des steppes et des savanes, l'habitat apparut très dispersé. Les villages se présentaient sous la forme d'un ensemble de groupes d'habitations en nombre plus ou moins important et généralement très peu ordonné. Le R.P. Jeanjean décrit ainsi son arrivée à Ntono (un village Bangangoulou situé sur la rive droite de l'Alima) : « on s'y engage. Tantôt on monte, puis on descend, on traverse un ruisseau, les cases sont disséminées un peu partout ; c'est un véritable dédale ». On devrait plutôt parler à leur sujet d'agglomérations et réserver la dénomination de villages aux groupes des cases qui les constituent. Chez les gens de Mossaka, la maison est un lieu de refuge de l'âme, elle détermine la stabilité morale d'un homme. Dans les villages, les notables et les polygames pouvaient avoir plusieurs maisons.

Chez l'homme de Mossaka, la notion de table et de chaise est récente ; on s'asseyait sur des nattes, ou sur des bouts de bois taillés selon la coutume. Le lit était une simple natte posée sur une étagère. Dans les zones de forêt, on dormait sur des troncs d'arbres (ékengo). On dormait la tête posée sur la paume de la main. Les moustiquaires n'existaient pas. La fumée du feu bien entretenu toute la nuit, suffisait pour chasser les moustiques. Comme ustensiles de cuisine, on trouvait des canaris, des gargoulettes, des trépieds fabriqués en argile par les femmes Likouba (leur spécialité). Les Bouègni et les Likouala quant à eux, étaient des grands artisans ; ils fabriquaient des pirogues, les écopes, des pétrins, des pagaies...

L'homme de Mossaka n'a pas connu le travail du coton et de la laine. Dans les milieux les plus démunis, les hommes et les femmes s'habillaient en cache-sexe. Les Likouba recevaient le raphia des Téké et des Mbochi. A Mossaka, on mangeait très peu de viande, de fruit mais beaucoup de poisson accompagné de tubercules et de bananes. L'homme de Mossaka mangeait deux fois par jour : le matin, entre 6 heures et 12 heures : le soir, entre 16 heures et 19 heures. Le repas se prenait assis jamais debout, en plein air ou dans un hangar. Les femmes prenaient leur repas loin des hommes, l'assiette posée sur les cuisses. On buvait de l'eau à la fin du repas. Le vin de palme, le molènguè, étaient des boissons sacrées ; ils se prenaient aux heures de repos, de retrouvailles familiales ou amicales. Le vin clôturait tous les litiges, agrémentait toutes les cérémonies.

Le village, c'est-à-dire "Mboka" au sens africain du mot, est l'ensemble des cases de l'homme libre et de ceux qui vivent sous sa dépendance.

Nous ne perdons pas de vue la remarque que faisait en 1906 le R.P. Prat à propos du village Oyèndzè (en pays Mbochi) : « avec le système de dispersion des cases, il a l'air énorme ». Et le missionnaire précisa qu'il n'y avait en réalité que 80 cases à Oyèndzè. La population du village Kanguini, le plus grand village, aux dires des mbochi, était évaluée en 1907 par le R.P. Epinette à 2.000 habitants. En 1901, les frères Tréchot estimaient la population de Loboko à 10.000 habitants. Froment recensa Bonga à 5.000 habitants ; Likouba, 4.000 ; Nkonda, 3.000, Benjola 2 à 3.000 et Atika, 1.500. Il s'agit là, de simples estimations à mille unités près et certainement un peu optimistes. La population que De Chavannes donne pour Mossaka qui était un centre important (800 habitants répartis en cinq quartiers) paraît résulter d'un dénombrement plus précis. Irrébou par exemple représentait 15 à 30.000 âmes pour Stanley alors que Dolisie n'y voyait 8 à 15.000 habitants.

III-2 La chefferie indigène

Nous possédons deux témoignages intéressants, bien qu'un peu superficiels, sur la chefferie indigène dans les premières années de la pénétration coloniale au Congo. Nous les devons à Ponel et froment. « L'état politique des Mbochi est primitif, écrit le premier (1885). Les chefs sont héréditaires, chaque territoire s'administre seul. Un impôt est prélevé par le chef sur les marchandises achetées. Le chef a surtout influence dans les palabres, mais ne peut rien sans l'assentiment de ses hommes. Les esclaves et les enfants de dix et douze ans causent aux palabres comme les hommes. Aucune solidarité ; quelques alliances momentanées pour une guerre et c'est tout ».

L'homme de Mossaka n'a pas donné au Congo un royaume. La plus haute structure chez l'homme de Mossaka était la chefferie. Cette chefferie était très développée chez les **Bouègni** et les **Likouala** avec l'initiation des chefs **Beka** : chef panthère, maître de la nature (Mokondji o ngoyi, momessé). Ce qui était différent de l'homme Likouba, dont l'accès au trône ne nécessitait pas tant de cérémonie comme chez le chef Beka qui se distinguait par des insignes suivants : un collier de dent de panthère, un bracelet en cuivre, un chapeau en peau de panthère, une perche (bâton de commandement), une gibecière, une queue d'éléphant (chasse-mouche), un sabre, une lance, etc.

Sa tenue officielle était une couverture rouge tachetée et frappée d'une image de panthère. La panthère était l'animal totem des chefs Beka.

Le titre de Beka s'octroyait à un homme libre, équilibré, respectable, riche. Etaient écartés les descendants d'esclaves. Lorsqu'un homme prétendant au titre de chef Beka, avait satisfait aux diverses épreuves et était initié, il perdait son nom de famille et prenait un nom qui symbolisait sa pensée auquel on ajoutait le suffixe Beka ; exemple : Ondamba devenait

Etemabeka qui signifie usurpateur ; Lipédiabeka qui signifie au-dessus de la sagesse des anciens, etc.

Le chef Beka était le grand juge (twèrè) et sa vie frappée d'interdits :

- Ne pas consommer les repas cuits par les femmes ;
- Ses aliments étaient préparés dans une cuisine spéciale (ndouka) ;
- Ne pas couper les cheveux (ne faire que des tresses) ;
- Les femmes n'entraient jamais dans sa maison, ni les enfants sauf les initiés ;
- Ne pas plonger sur la rivière devant son port ;
- A la mort du chef Beka, la levée du corps se faisait la nuit ;
- Il était enterré en position assise dans un cimetière réservé aux chefs Beka (Bolouma) pour les plus riches leur corps posé sur quelques esclaves.

Bossina, très puissant chef de canton Likouala, n'a jamais réussi à se faire initié et élevé à la dignité de Béka. Par défit, il a réuni un parterre de «MESE» et brûlé leurs coiffes. En retour les MESE lui ont fait disparaître un fils en plein jour et lui ont infligé un mal chronique au genou.

Dans les territoires où se trouvent plusieurs chefs, le plus âgé ou le plus fort commande aux autres. Et Froment confirme à propos des Bobangi de Bonga, que l'autorité des chefs n'est effective que sur les femmes et sur les esclaves : « Tout homme libre est complètement indépendant de ses actes ; il ne doit à son suzerain que son concours en temps de guerre ».

Que pouvons-nous tirer de ces témoignages? Que la chefferie était héréditaire ; que les attributs des titulaires étaient essentiellement d'ordre judiciaire ; que les chefs entre lesquels pouvait exister une certaine hiérarchie, devaient tenir compte de l'opinion des hommes libres qui ne reconnaissaient réellement leur autorité qu'au moment des affrontements armés avec les voisins.

En premières approximations, cela semble être exact et concorde avec ce que l'on peut savoir par ailleurs de la question. Mais, il paraît utile d'introduire dans ce tableau un peu sommaire de l'organisation politique des indigènes du Haut-Congo, certaines précisions tirées de la tradition orale. Il convient donc d'évoquer en premier lieu l'organisation clanique des sociétés africaines de l'Afrique centrale.

La tribu qui constitue le groupe ethnique de base est formée d'un nombre variable de clans groupant l'ensemble des hommes libres originaires d'une même racine. Toute autorité coutumière tire sa légitimité de l'existence de ces groupements intermédiaires entre la tribu et la famille. En réalité c'est la famille qui constitue la cellule de base, car avec les générations, les clans disparaissent par subdivision ; et la chefferie clanique est assurément héréditaire puisque liée au système de parenté.

Le chef de clan ou de famille, assisté du conseil des anciens, était le représentant direct des ancêtres défunts, le propriétaire de tous les hommes appartenant au clan.

Mais, lorsqu'un de ceux-ci quitte le village du chef pour aller s'installer ailleurs, et forme un autre village avec les transfuges de clans voisins, nous nous trouvons dès lors en présence d'un groupement humain du genre nouveau. Le plus fort, le plus entreprenant en prendra le commandement, à moins qu'il ne soit élu par le conseil des hommes libres. Dans ce cas, ses pouvoirs, non héréditaires, resteront limités, il ne s'immiscera pas dans les affaires des clans.

Les témoignages de Ponel et de Froment nécessitent un deuxième complément qui viendra à montrer que dans le Nord du Congo, comme dans la plupart des sociétés du monde, pouvoir et richesse allaient de pair. L'existence d'une véritable aristocratie d'argent consacrait la division de la population en deux classes, à laquelle on peut en ajouter une troisième classe, celle des esclaves. Il y avait d'un côté des hommes libres, non fortunés, qui n'avaient aucun pouvoir sinon celui de manifester leur indépendance, et de l'autre, les notables, les hommes riches ayant pu en quelque sorte « acheter » leurs charges, ainsi que ceux dont les moyens financiers leur permettait d'accéder au conseil des notables.

Avant la guerre de 1914, il en coûtait 200 frs au Likouba ou au Kouyou qui voulait entrer dans la société des Otouèrè dont le but était de donner à ses initiés la science et le pouvoir

61

nécessaire au règlement des palabres comme accesseurs du chef. Ainsi que le notait l'administrateur Herse (1953) qui fait état d'informations orales affirmant que la suprématie du Kani (celui qui a le pouvoir d'autoriser l'installation de villages sur leurs terres) d'Oyomi s'étendait jusqu'aux rives de l'Alima.

Chez les Makoua, par exemple, celui qui avait de l'ambition et de l'argent, pouvait théoriquement, moyennant finances, franchir successivement sept grades auxquels étaient attachées des prérogatives particulières. Ces grades sont : Viokèbè, Ahina, Otsatso, Ohae, Mbata, Okani, et Yombé. Avec le dernier grade on accédait à la garde des fétiches.

Toujours sur la chefferie indigène, un chef n'était pas un être ordinaire : il était doué d'une «force vitale» particulière, qui lui permettait de dominer le commun des mortels. En terre Kouyou et en pays Likouala, certains Kani sont restés célèbres par leur spécialité : divination, lévitation ; bilocation, comme Mouènè yoka d'Otsouèmbè ou Bossina de Loboko. Mais, ils ne semblent pas avoir eu de « juridiction » en dehors de leurs terres. Mgr Augouard notait par exemple, en 1885, que «l'autorité des chefs consistait principalement dans les fétiches dont ils étaient les grands ministres».

Une indication analogue est donnée dans le passage du rapport de la mission Bobichon consacrée à l'action menée contre les Kanguinni : «il y a dans le pays deux chefs redoutés, d'autant plus redoutés qu'ils sont en même temps des féticheurs habiles dans l'art des guet-apens et l'usage des poisons. C'est leur principale force ». Cependant, un féticheur peut avoir des faiblesses quasi humaines, un chef réputé pour ses qualités peut mourir et ne pas avoir un successeur digne de le remplacer (le cas du chef panthère Lipédiabeka à Libala sur la Ndéko dont Ndèbè, quittant Likouala est allé prendre tout ce qu'il y avait de mystique) : alors la chefferie connaîtra des moments difficiles, ou même peut-être disparaîtra.

(1907-1976)

Charles Monguia : Chef de canton des lagunes, a été le premier à installer la pharmacie et le bar dancing à Mossaka. Il avait transformé son salon en centre d'identification et d'état civil ayant pour scribe Mindzola.

L'importance des facteurs personnels apparaît ici déterminante, car le chef c'est avant tout un être de chair et d'os et non une entité plus ou moins bien incarnée, ce qui explique les hauts et les bas de l'organisation sociale.

« Ntangi aka pendi », avait coutume de dire Ndzotombé, descendant de Kamba le tyran, historien Likouba du village Bohoulou, ce qui peut se traduire par « le maître devient esclave », sentence qui nous invite, après cet examen de la chefferie, à parler de la condition des hommes qui, soit de par leur naissance, soit en raison des vicissitudes de l'existence, n'étaient pas considérés comme des hommes libres.

III-3 L'esclavage

Ils étaient certainement nombreux, ainsi qu'en témoignent les récits des premiers explorateurs : Froment par exemple, estimait que la population de Bonga était formée d'esclaves pour les deux tiers (Bonga étant un marché d'esclaves, il était normal que la population fût si importante).

La cuvette congolaise semble avoir constitué un réservoir particulièrement important d'esclaves comme le notait P.S. de Brazza dans son rapport annuel de l'année 1887 ; il y écrivait : « le pays situé au Nord de l'Alima fournissait la plus grande partie des esclaves acheminés vers le Sud». Dolisie et De Chavannes en ont vu en 1887, mais entraînés dans une autre direction et sans illusion sur le sort qui les attendait au terme du voyage.

Les colonnes d'esclaves cheminant vers le Sud, à partir du pays Tégué, empruntaient la piste traversant le pays des "Batéké occidentaux. Mais l'approvisionnement des négriers de la côte se faisait surtout par une voie moins directe, celle qui était contrôlée par les "Hommes de l'eau ". Une fois concentrés dans les grands marchés situés au bord du Congo (Bonga, Mossaka, NKonda) les esclaves pouvaient soit descendre à Saint-Paul de Luanda, soit être emmenés chez les cannibales de l'Oubangui.

De Chavannes note que : « les Bobangi du Haut-fleuve n'acceptent de vendre de l'ivoire que si le paiement comporte des esclaves ; il ajoute que c'est horrible de penser qu'il s'agit là d'un commerce de chair humaine destinée à servir de viande de boucherie ».

C'est à la même année que le R.P. Allaire multipliait ses tournées dans le Haut-Congo et Moyen-Oubangui, au cours desquelles il tentait d'arracher à la mort le plus grand nombre possible d'esclaves en les rachetant à leurs propriétaires à l'aide des fonds de la société anti-esclavagiste et d'œuvre de la Sainte-enfance. Près de la mission de Saint-Paul-des-Rapides, le père Allaire a vu en 1893 des esclaves vendus « en détail » : chaque acheteur marquait d'une croix à la craie la partie qu'il désirait acquérir. Lorsque tous les membres étaient marqués d'une croix, on abattait l'esclave qui était mangé sur place (lettre du 2 décembre 1893 de Mgr Augouard au Cardinal Lodochowski, préfet de la propagande).

Dybowsky (1893), nous communique ici le prix d'un esclave qui varie selon le lieu: ce prix est beaucoup moins élevé dans les villages situés le long des petits affluents du Congo 30 à 40 barrettes ; à Pombo, un esclave coûte 250 à 300 barrettes ; à Nkonda, il vaut 400 à 500 barrettes.

Il y avait plusieurs façons de devenir esclave, la moins inattendue, la moins courante aussi, était de naître des parents eux-mêmes esclaves. Dans ce cas, les enfants appartenaient non à leurs parents mais au maître dont ils étaient la marchandise, la chose (le mosolo). On devenait esclave également, mais c'était assez rare, lorsqu'à la suite d'un combat malheureux on tombait entre les mains de l'ennemi qui pouvait évidemment vous éviter cette humiliation en vous envoyant rejoindre vos ancêtres. Il y avait aussi le cas de ceux qui se faisaient "Kidnapper" par des professionnels de la traite – des Likouba et des Likouala essentiellement - qui remontaient les rivières du bassin de la Likouala-Mossaka (Likouala, Kouyou , Mambili) ou la Sangha pour approvisionner les marchés de Bonga, de Mossaka et de Nkonda.

Tomber en servitude dans ces conditions, était le résultat d'un concours de circonstances défavorables dans lequel l'esclave n'avait aucune part. Et, on aurait pu se contenter de constater que les sociétés de l'époque admettaient l'esclavage ;

en réalité, elles faisaient plus que de l'admettre. Pour elles, la mise en esclavage était la sanction coutumière courante infligée à tous ceux qui ne pouvaient pas payer leurs dettes, soit qu'ils aient été tenus de rembourser la chose volée, soit qu'ils dussent payer l'amende de l'adultère. En septembre 1905, les Pères de la mission de Boundji s'aperçoivent que trois de leurs ouvriers ont des relations sexuelles avec une fille de l'œuvre. Ils réclamèrent le payement de l'amende coutumière (il ne faut pas oublier que d'après la coutume, le Supérieur de la mission était considéré comme le mari de la fille en question). Les parents de deux d'entre eux paient 122,50 frs pour chacun des coupables ; ceux du troisième refusent. Le coupable est alors remis à l'agent de l'Alimaienne (Courboin) qui a accepté de "rembourser" à la mission ce que ses parents auraient dû payer.

Cet homme est devenu l'esclave de Courboin (lettre à Mgr Augouard du 12 septembre 1905).

Dans tous les cas de ce genre, les coupables non solvables étaient remis aux créanciers en compensation du préjudice causé, à moins que d'eux-mêmes qu'ils ne prennent l'initiative de se donner en gage. Ainsi, un père de famille pouvait vendre sa fille si elle avait une mauvaise conduite, ou son fils s'il était l'objet de scandale. Mais, il arrivait aussi qu'il vendît un de ses enfants tout simplement parce qu'il avait besoin d'argent. A ce sujet, Ponel a écrit que « lorsqu'un Mbochi veut un fusil, il vend un de ses enfants s'il n'a pas d'esclave ou s'il n'a pas la patience d'amasser " barrette après barrette" la quantité nécessaire à cet achat.

D'où, être esclave n'était pas forcément dramatique, c'est bien connu : certains d'entre eux succédaient à leurs maîtres dont les héritiers naturels avaient été jugés incapables (Iboka, succédant à Mokémo, Ndombi à Mpakama, chef de Bonga qui fut enterré avec 20 esclaves pour accompagner leur maître).

Chez les Mbochi, Ponel a vu des esclaves participer aux délibérations des hommes libres. On connaît dans la Mossaka, au moins un des endroits où se réfugiaient les « associaux » en rupture de ban : il s'agit de la forêt marécageuse qui s'étend entre Manga et Tokou. C'est là que vivaient les « Ashuma », de très mauvaise réputation, qui avaient le privilège de commander aux caïmans et aux panthères ; on leur attribuait toutes sortes de méfaits. Il semble bien également que les gens qui s'étaient installés dans la forêt inondée, située entre la Likouala-Mossaka et la Ndéko, vivaient plus ou moins en marge de la société. La tradition les dépeint comme des « truands » d'une certaine envergure (Mambéké, 1955) avec lesquels Boloundza soi-même, le chef des Apfourou, ne dédaignait pas de traiter.

III-4 L'impôt indigène

La perception de l'impôt de capitation (en nature) inaugurée pour la première fois en 1894 dans la Sangha par de Brazza, fut généralisée dans l'ensemble du Congo par le Gouverneur Henri de Lamothe.

Une circulaire du 3 février 1889 préconisait dans ce but la méthode consistant à conclure avec les chefs indigènes, des conventions valables pour trois ans (voir à ce sujet les instructions du Commissaire général au « Secrétaire général » s'installant à Brazzaville le 29 avril 1900), nous raconte Mazenot. La prudence était cependant conseillée : « il convient de ne chercher à assujettir les indigènes à des obligations fiscales que dans la mesure où la protection des intérêts commerciaux l'exige et où nos moyens de répression nous permettent d'assurer la permanence de l'action et le paiement effectif de l'impôt ».

Cette méthode ne fut pas acceptée ; et on ne voyait pas très bien à quoi pourrait correspondre cet engagement à payer l'impôt que les chefs étaient invités à prendre. Pour rendre cet engagement plus facile, une nouvelle circulaire publiée au journal Officiel du 15 juillet 1900, reconnaissait aux indigènes la faculté de se libérer, à défaut de numéraire, en remettant aux agents de l'administration des produits naturels.

Du côté des concessionnaires, ce fut un tollé général ; cette mesure violait selon eux le droit de jouissance exclusif qu'ils avaient obtenu sur leurs concessions. Les produits que les indigènes remettraient en paiement leur appartenaient. En droit, ce point de vue parut suffisamment solide pour qu'un membre influent du Conseil d'Etat crût devoir avertir le gouvernement qu'il s'engageait sur un mauvais terrain (Mazenot, 1970).

Pendant que la question était à l'étude à Paris, le Commissaire général invita le Lieutenant gouverneur du Congo à demander leur avis aux concessionnaires qui reçurent dans ce but une lettre circulaire datée du 23 août 1901.

Nous ne possédons que la réponse de l'une des trois sociétés dont nous nous occupons, celle de l'Alimaienne ; elle est du 6 novembre 1901. Le directeur en Afrique de cette société se montre résolument hostile à la perception de l'impôt indigène. Si l'on veut forcer les indigènes à payer l'impôt, estime-t-il, c'est une petite armée qu'il faudra envoyer, car le pays n'est pas conquis ; nous n'y sommes pas les maîtres et l'Européen y risque sa vie à chaque déplacement.

En admettant qu'on puisse envoyer des miliciens en nombre suffisant, les villageois prendront la fuite à leur approche. Il s'en suivra une baisse de la production, et en défensive l'action du gouvernement constituera une entrave aux activités commerciales.

Malgré cette prise de position défavorable de l'Alimaienne, la majorité des concessionnaires fut d'avis que le recouvrement régulier de l'impôt était de nature à favoriser leurs intérêts en incitant les indigènes à la production. Un arrangement fut conclu avec l'administration : les produits en nature qui seraient perçus au titre de l'impôt, seraient cédés aux sociétés d'après les tarifs d'une mercuriale dressée semestriellement par une commission nommée à cet effet, et dans laquelle les concessionnaires auraient des représentants.

Le commissaire général Grodet put alors réglementer la perception de l'impôt par un Arrêté du 11 février 1902 dont nous retiendrons l'énumération qu'il donnait, par ordre préférentiel, des produits à percevoir à défaut de numéraire :

- Caoutchouc
- Ivoire
- Bois de construction
- Produit d'élevage
- Produits de culture
- Produits des industries locales
- Barrettes (monnaie indigène).

A propos des barrettes, Grodet rappelait aux chefs de région dans une circulaire envoyée de Loukoléla le 9 juillet 1902, qu'elles ne devaient pas être considérées comme du numéraire, que les recouvrements qui seraient faits avec cette monnaie locale ne pourraient pas dépasser le cinquième du montant des rôles et qu'en tout état de cause il ne fallait pas en accepter plus qu'il ne serait possible d'en écouler (pour le paiement des soldes des miliciens, prestations diverses, achats de vivres).

Des reproches ont été faits à Dolisie car au lieu du caoutchouc, il prenait des barrettes pour la perception d'impôt indigène. Il fallait du caoutchouc même si le procédé de fabrication utilisé à l'époque (coagulation par la sueur du latex dont les "producteurs " devaient s'enduire le corps) rendait les indigènes très peu disposés à ce genre de production. Le droit des concessionnaires aux produits du sol était déjà en passe de devenir un "droit à la production" encore plus exorbitant que le précédent.

En 1902, les recouvrements dans le Moyen-Congo atteignirent le chiffre dérisoire de 3.634,85 frs ; ils passèrent toutefois à 32.711,58 frs en 1903, sans que l'on puisse dire néanmoins que les dépenses de personnel qu'ils avaient occasionnées étaient compensées par les sommes ainsi recueillies. Il convient de souligner que seuls étaient "assujettis" à l'impôt les habitants des villages situés au bord du Congo et de l'Oubangui.

L'intérieur de la circonscription restait en dehors des possibilités d'actions de l'administrateur de Loukoléla. On le vit bien à l'occasion des incidents qui se produisirent à Loboko au mois d'avril 1901. Que s'est-il passé alors dans cette importante agglomération située à 120 km environ de Mossaka, en confluent de la Likouala et du Kouyou ?

Au début du mois d'avril 1901, Louis Tréchot avait installé une factorerie à environ 5 km de Loboko, en aval, pour éviter le voisinage immédiat des populations locales. Il avait obtenu pour cette installation l'accord de leurs chefs, ce qui était indispensable. Les Loboko n'étaient pas les gens faciles ; ils avaient même une solide réputation de "voleurs" ayant l'habitude de prélever une partie des marchandises transportées sur la Likouala et le Kouyou qui passaient nécessairement devant leur village, nous rapporte Mazent (1970).

La factorerie fut confiée à un agent Sierra-Léonais surnommé Nico par Louis Tréchot qui retourna à Brazzaville. Nicol de son vrai nom eu très rapidement des palabres avec les parents d'une femme de Loboko qu'il avait prise pour concubine. Menacé, il préféra abandonner son poste plutôt que de s'exposer aux représailles de ses "beaux-parents". La suite est facile à deviner : les Loboko ne surent pas résister à la tentation et pillèrent le magasin qui fut incendié.

Le 18 avril 1901, l'agent européen de la C.F.H.C. résidant à Mossaka, informait le Commandant de Loukoléla de ce qui s'était passé et lui demandait son aide pour la récupération des marchandises volées et la punition des voleurs ; en même temps, il avertissait Louis Tréchot. L'administrateur **Manigaud** répondit que ne disposant pas des forces de police suffisantes (4 miliciens seulement pour tout Mossaka), il ne lui était pas possible de donner suite à la demande d'intervention.

Devant cet aveu d'impuissance, Henri Tréchot qui s'était rendu à Loukoléla lui déclara qu'il se voyait dans l'obligation impérieuse d'aller immédiatement dans sa concession pour régler lui-même la palabre avec les indigènes. Pas de réaction de la part du chef de région. Pendant ce temps, son frère Louis Tréchot avait commencé à prendre contact avec les chefs locaux : Bokabéka promit de restituer les marchandises dans les 48 heures. Ce délai écoulé, Louis Tréchot se rendit au village Essongué où devait avoir lieu la restitution.

Attaqué dans les canaux qu'il faut emprunter pour y accéder, il tira sur les assaillants et brûla les cases dans lesquelles ils se cachaient, sans pour autant obtenir l'exécution de la promesse qui lui avait été faite. Les gens d'Essongué et Bokabéka se rejetant mutuellement la responsabilité de l'affaire, en vinrent rapidement aux mains et au milieu du désordre qui s'ensuivit (qui ne dura pas moins de trois jours) les deux Tréchot, maintenant réunis, continuèrent leur tentative de récupération, mais en vain.

Une grande palabre fut ouverte à Loboko sur l'initiative du chef de Ndollé, Bolagassa. Une partie des marchandises fut rendue et on tomba d'accord sur le montant de l'amende à payer aux Tréchot : vingt pointes d'ivoire, dix pirogues et dix cabris. Le lendemain, les chefs montèrent à bord du vapeur de la C.F.H.C., *"le Liotard"*, pour boire avec les Tréchot le vin de palme en signe de réconciliation, ainsi que le veut la coutume.

Quelques temps plus tard, la première décision qu'on impose de prendre avant de commencer toute action de pénétration, concernait la détermination de la cellule d'occupation, les structures mises en place par l'Arrêté du 14 décembre 1907 étant manifestement inadaptées. Le chef-lieu de la région fut donc transféré de Loukoléla, beaucoup trop excentrique, à Makoua, terminus de la navigation sur la Likouala. La nouvelle région de la Mossaka, créée par Arrêté du 27 septembre 1909, voyait ses limites calquées sur celles de la concession de la C.F.H.C. Loukoléla était donc exclu de la compétence territoriale de chef de circonscription.

Dans le courant du mois de mars 1910, on retrouva Loyre dans la Basse-Alima où il se heurta immédiatement aux Mbochi habitant les villages situés sur la piste reliant Bokouélé et Liboka, proches parents de ceux qui avaient attaqué le chef de subdivision de fort-Rousset à la fin de l'année précédente. Renforcé par un détachement de gardes venus de Makoua avec l'adjoint des affaires indigènes Ordioni, il dut mener aux Kouyou une action de répression qualifiée de sévère (Mazenot, 1970).

Une reconnaissance entreprise dans le même secteur se solda par la mort d'un garde du détachement, commandé par l'adjoint des services civils Vidalet. Pour terminer avec l'œuvre de pénétration entreprise en 1910 entre le Kouyou et l'Alima, nous signalons que la liaison est opérée entre Fort-Rousset et Boundji par la vallée de la Wouma.

En août 1911, Levaique, agent de la C.F.H.C. à Mossaka, était chargé de mettre en place le nouveau gérant de la factorerie de Linengue ; au lieu d'emprunter la voie d'eau Likouala-Kouyou qui paraissait normale, il va utiliser la piste qui partait de Nkonda à Fort-Rousset en passant par Makénéngué-Bokouélé-Liboka et Kouyou. Quand la rumeur sur le paiement de l'impôt avait circulé, à Makénéngué, au niveau de Mbayi, Koukiabéka surnommé « Liwa koutaka » et ses enfants, avaient érigé un barrage pour craindre les représailles des colons. Levaique et ses hommes se heurtèrent à ce premier obstacle et détruisirent le barrage pour forcer le passage ; au deuxième barrage, une embuscade est tendue au niveau du village Massawou : Levaique tenta de disperser les gens par des coups de rafale tirés en l'air ; les gens s'enfuirent en forêt.

La nouvelle se répandit dans toute la contrée, tout particulièrement dans les villages : Libala, Bokouélé, Liboka, Ilanga, Mokonda, Bombonkouta ; il y eut une débandade totale. Koukiabéka, son frère, et quatre de leurs enfants ont peri.

Puis, un certain Massa du village Bondzonda, viendra pour braver le blanc (lopêmebê) ; il reconnut dans la délégation, un certain Mahokola, un likouba de Makandza. Il se mit à les injurier tous, et tout en lançant des sagaies, l'une après l'autre en direction du blanc qui va les esquiver toutes. Le plus dangereux des miliciens était un certain Mboumba, originaire du Niari. Ce dernier n'avait pas de choix que d'ouvrir le feu : Massa, atteint au ventre, s'est transformé en canard sauvage (Likakalaka) et ira réapparaître dans le village Bombala où il rendit l'âme deux jours après (propos recueillis auprès de Mokégna René, 1979 ; un grand historien traditionnel à Libala). À Bokouélé, Nzélabeka le père d'Ambroise Monièbè sera compté parmi les victimes y compris bien d'autres.

Le chef de terre Monounabéka, surnommé Engadza o koyo accompagné d'un esclave qui lui sert de garde de corps, vont à la rencontre du blanc tout en sonnant le gong à plusieurs reprises sous ces termes : « Bo ndéko, Bo ndéko » qui signifie « l'amitié, l'amitié » Propos recueillis auprès de Pauline Libela qui est la nièce de dernier (1970), et confirmés par Raphael Essandzabéka (2007) ; puis, Levaique comprit le signe de paix et la rencontre fut soldée par une poignée de mains. Après avoir fait le compte rendu aux autres dignitaires des villages Lipounou où il prit Etangabéka, à Bokanda, il prit Lissémabéka ; à Mitondolo également il prit des gens, etc. tous viendront rencontrer le blanc, cette fois-ci, qui leur réserva un accueil digne de ce nom. Depuis cette date, tous les villages situés sur la Ndéko consentirent de payer l'impôt indigène. Si à Makénéngué un compromis ait été trouvé entre Levaique et les indigènes, avec beaucoup de délicatesse, bien sûr, cela ne fut pas le cas avec les indigènes des populations situées entre Bokouélé, Liboka et koubou. Levaique fut attaqué sérieusement à koubou et dut faire usage de ses armes pour se défendre et forcer le passage. Il aurait eu des morts. Ainsi, après son passage, le chef Aboni du village Ehounda qui avait accepté de lui servir de guide fut massacré par les gens de koubou et son village rasé.

Les recouvrements annuels de l'impôt indigène à Mossaka et ses environs (les villages situés sur le fleuve) se présentent comme suit.

1902 = 3.634 frs
1903 = 32. 711 frs
1904 = 47.569 frs
1905 = 62.203 frs
1906 = 45.509 frs
1907 = 41.944 frs

1908 = 61.305 frs

1909 = 49.380 frs

1912 = 197.185 frs

1914 = 305.010 frs

1919 = 409.007 frs

1921 = 523.540 frs

Quand de Brazza fut révoqué par le Gouverneur général en 1898 de son poste de Commissaire général du Gouvernement pour négligences budgétaires, le système des compagnies concessionnaires se généralisa : 41 compagnies se partagèrent le Congo français. Woungly-Massaga (1974) dans "la révolution au Congo", cité par Mazenot (2005), nota que "c'est en 1913 que les populations de la Likouala-Mossaka se révoltèrent contre les gérants et traitants des compagnies concessionnaires. Ce qui est vrai c'est que la révolte des populations avait commencé à partir des incidents de Loboko qui eurent lieu au début du mois d'avril en 1901. Puis, c'est à partir de 1912 que les villages de l'intérieur ont commencé à payer l'impôt indigène.

De tout ce que nous venons de dire sur l'impôt indigène, nous devons plutôt parler de résistance à l'impôt que d'opposition à la pénétration ; cette résistance fut plus ou moins vive selon les secteurs, ce qui rejoint toutefois l'ampleur qu'elle eut, en 1912, dans la circonscription de l'Alima où l'instigation du chef de Tongo, des habitants de la Komo, de même ceux de Makénéngué sur la Ndéko, etc. s'opposèrent au paiement de l'impôt et attaquèrent le détachement venu faire une "démonstration". Il y aurait eu jusqu'à 130 morts constatés.

C'est donc Rives, un ancien compagnon de Pierre Savorgnan de Brazza, un dur, qui dirigea les troupes envoyées spécialement de Brazzaville pour mater et vaincre la résistance de l'impôt.

Mais, comme les populations savaient que les "fétiches" locaux étaient surclassés par ceux que les Blancs devaient nécessairement avoir à leur disposition, les habitants se résignèrent. Il n'y eut plus jamais d'opposition par la suite, et la guerre franco-allemande toute proche ne la ranimera pas. Le mieux était de se soumettre et de commencer à s'adapter à la nouvelle situation.

C'est par l'utilisation de la monnaie que cette adaptation s'est manifestée le plus rapidement possible : les "nti" ; petits coquillages en spirale, furent abandonnés pour être remplacés par les "nguèlè" chez les Likouba (les barrettes) qui conservèrent une certaine valeur à cause du poids de métal par rapport aux autres monnaies.

Ainsi, comme le dit la tradition, « le Blanc semblait être le maître des grandes forces naturelles. Il fallait donc admettre que le Blanc était un aîné, d'une force humaine supérieure, dépassant la force vitale de tout noir. La force vitale du Blanc est telle que contre lui, le ``manga" ou l'application des forces agissantes naturelles dont disposent les noirs paraissent dépourvues d'effets » La philosophie bantou, Paris, 1949.

Nous ne pouvons pas terminer ce chapitre sans parler du problème des « hommes caïmans », une affaire si triste qui a conduit devant le tribunal de Fort-Rousset et le peloton d'exécution de près de sept personnes (Ekoungoulou, Epandomba et autres). Le tribunal a prononcé la sentence en les condamnant à mort. Ils étaient mis dans une nasse et jeter à l'eau pour être tués.

Après l'esclavage, l'impôt et des prestations de toutes sortes, nous pouvons également mentionner une autre forme de contrainte de travail que Mazenot (2005) a peint dans son livre "Le passé de l'Afrique Noire", à savoir des réquisitions de main-d'œuvre.

Lorsque vint l'époque des grands chantiers, le colonisateur procéda à des recrutements massifs de main-d'œuvre par voie autoritaire. Ces recrutements forcés avaient déjà eu lieu bien avant, mais ils prirent de l'ampleur avec l'augmentation de la taille des opérations à entreprendre, en particulier pour les travaux ferroviaires...

Lors de la construction de la voie ferrée du Congo, celle-ci nécessita un effectif de 4.000 hommes en 1905 voire jusqu'à 6.000 en 1906 ; et les travaux devaient s'étaler de 1903 à 1910 selon J. Marchal.

En Afrique occidentale, si la France avait suivi le mouvement général de construction des chemins de fer entrepris par la quasi-totalité des pays colonisés dès la fin du XIXe siècle, ça allait être une belle chose, mais elle a fait piètre figure pour la partie équatoriale qui était la partie la plus facile à faire.

Les projets n'avaient pourtant pas manqué, puisque, dès 1897, la mission Jacob avait étudié un tracé qui fut suivi d'une dizaine d'autres au moins ; ce qui faisait défaut, c'était le financement, avec cette constante réticence du Parlement à s'engager au Congo. Enfin, une loi fut votée en 1909 autorisant un emprunt de 21 millions de Francs Français pour financer l'avant-projet de la voie en même temps que l'étude de la côte en vue de l'établissement d'un port ; une convention fut passée avec un groupe financier ayant à sa tête la Société de Construction des Batignoles (S.C.B.) qui se chargeait des études de terrain.

L'avant-projet mis au point une nouvelle loi autorisant la fédération à contracter un emprunt de 171 Millions de Francs Français dont un peu plus de la moitié (93 Millions) devait servir à financer la construction du chemin de fer Congo-Océan (1921-1934).

A cet effet, le premier coup de pioche était donné à Brazzaville le 6 février 1921 par Victor Augagneur qui fut Gouverneur général ; le 13 avril 1934 est la date à laquelle fut vissé le dernier boulon de la voie par son successeur le Gouverneur général Antonetti.

Par une convention passée en 1922 avec la S.C.B. chargée des travaux sur les 172 premiers km à compter de Pointe-Noire, l'administration s'était engagée à lui fournir le personnel nécessaire jusqu'à concurrence de 8.000 hommes, les Batignoles lui remboursant le coût de cette main-d'œuvre à des tarifs spécialement étudiés. En 1925, la journée de travail coûtait 8,76 Francs Français de la S.C.B. le travailleur était nourri et logé, mais ne touchait pas de salaire (Mazenot, 2005) l'auteur devait poursuivre : « Mais, très vite, on s'aperçut que les besoins globaux de ce qu'on appelait à l'époque le "Brazzaville"-Océan » ne pouvaient s'abaisser en dessous d'une vingtaine de milliers de travailleurs, compte tenu du nombre d'improductifs employés par le service de la main-d'œuvre (construction et entretien des camps, approvisionnement du personnel depuis l'intérieur, etc.). On se rendit compte aussi de l'impossibilité de trouver sur place le personnel nécessaire et de l'obligation d'élargir le cadre géographique du recrutement. Alors, on réquisitionna loin, très loin : d a n s le Nord du Congo, en Oubangui et même au Tchad méridional (à plus de 1.500 km de distance). Ce fut de nouveau la chasse à l'homme, la fuite devant les recruteurs, les mouvements de résistance...

Totalement imprévoyante, l'administration qui n'avait pas mis en place les infrastructures nécessaires, se trouva vite débordée et, s'ajoutant à la confusion générale, des maladies dont la nature exacte n'a pas toujours été définie, exercèrent des ravages sur les chantiers et dans les camps ; en fait, c'était la misère physiologique et morale qui décimait les travailleurs.

Certes, l'administration réagit en mettant en place un service de santé digne de ce nom (médecins, infirmiers, hôpitaux de campagne), en améliorant la qualité du ravitaillement, en réduisant le volume horaire de 10 heures à 9 heures la durée journalière de travail. Il n'empêche que les trois années allant de 1925 à 1928 furent épouvantables : le pourcentage des décès par rapport aux recrues de l'année fut constamment supérieur à 20%. « Peu d'entreprises coloniales ont été aussi effroyablement meurtrières que la percée du Mayombe », Souligne G. Sautter qui relève le lourd tribut payé par le personnel européen à la construction du chemin de fer.

Au total, il chiffre les pertes en vies humaines pour l'ensemble de la période de 1921–1934 à 16.000 hommes, « au bas mot » une « autre estimation sérieuse » les situe à 23.000. Mais on est loin du total prédit par A. Londres (1998) qui, à mi-chantier, parlait déjà de 17.000 morts, alors qu'il restait encore 300 km de voie ferrée à construire, ou encore de la formule « Un noir par traverse » très en vogue pendant ce temps. Toujours est-il qu'à la Chambre des députés en France, un député a traité le gouverneur Antonetti d'assassin, oubliant sans doute l'énorme responsabilité du Parlement, limitant au maximum les autorisations de crédits, les fractionnant à l'extrême, ce qui rendait particulièrement difficile une gestion rationnelle de cet énorme chantier dont le coût total dépassa le milliard de francs ».

Pour notre part, nous estimons que la responsabilité du scandale de la « machine » doit être partagée avec son prédécesseur, Victor Augagneur (ex Député-maire de Lyon, ancien Ministre) qui, après avoir lancé le chantier, éprouva le besoin de quitter Brazzaville (1924) au moment où la situation devenait critique. Enfin, le tunnel Mbamba fut percé le 8 septembre 1933.

Nous n'oublions pas qu'il y a eu également d'autres formes des contraintes de travail que le colon utilisait lors des déplacements des colons par pirogue, chez nous dans la Mossaka, le transport du courrier, etc. On procédait au recrutement forcé des hommes valides qui devaient convoyer soit des gens, soit des marchandises ; une opération que les likouba appelaient « Kayi ». Un milicien en tenue, coiffé d'un chéchia rouge, escortait le convoi.

Dans le chapitre qui suit, nous allons tenter de parler de l'arrivée des Oubanguiens dans la Likouala-Mossaka, de la croyance qu'ils faisaient du monde, de la parenté ainsi que des activités socio-économiques des Likouba et des Bouègni, avant de terminer par la mise en place du système concessionnaire.

Le recrutement des gens se faisait jusque dans les villages; en faisait quelquefois un relai de pagayeurs par village. Surtout pour apporter du courrier, le relai se faisait d'un village à un autre.

La collecte de l'impôt indigène

Chapitre IV : L'organisation socio économique des Likouba et Bouègni

Mambéké-Boucher Bernard (1950-1955) est le premier Congolais à avoir écrit à l'époque coloniale sur les « gens d'eau » dont il est d'ailleurs issu. Georges Mazenot (1970), Gilles Sautter (1966) et Pierre Vennetier ainsi que Georges Balandier sont venus bien après à partir de 1960 combler ce vide dans la connaissance historique des Bangala du Congo.

IV-I De l'arrivée des Oubanguiens dans la Likouala-Mossaka

Les « gens d'eau » seraient venus du Nord, dans les régions des terres fermes, aujourd'hui savanes centrafricaines, et se seraient retirés dans les marais situés entre l'Oubangui et le Congo pour se soustraire à l'influence des conquérants Ngbaka et Banda venus de l'Est. Quelles furent les causes de ce grand déplacement d'Est en Ouest ? A cette interrogation, Georges Mazenot (1970) nous répond : « il y a certainement, à la lointaine origine, le surpeuplement du noyau protobantou oriental : pendant des siècles, une très lente progression a amené les Mbochi (l'ensemble des ethnies installées sur la rive droite de l'axe Oubangui-Congo que Marcel Soret appelle le groupe Mbochi), dans la boucle du Congo, puis vers la fin du XIIe siècle, leurs migrations s'accélèrent. Cette longue marche parallèle à l'Equateur, ne semble toutefois pas seulement la conséquence d'un élan ancien qui dirigeait toute une masse de populations vers un lointain Occident : une grande partie celles-ci est restée dans la boucle du Congo pourtant plus densément peuplée que notre Cuvette. Le départ accéléré des Mbochi est sans doute en rapport avec l'installation et surtout l'expansion des Mongo. Celle-ci selon Van der Kerken, aurait duré cinq siècles du XIVe à l'aube du XIXe et elle serait liée, en partie du moins, aux razzias arabes sur la côte orientale ».

Burssens (2005) pour sa part, nous résume de la façon suivante la situation :

« On ignore l'origine exacte des populations dites « gens d'eau » ; nous avons donc signalé à maintes reprises qu'ils forment un complexe d'origine disparate. On croit que certains de leurs ancêtres (dont une partie était constituée de « Terriens » et une autre de « Riverains ») ont habité autrefois les bassins du haut Oubangui et de l'Uèle. De cette région, ils auraient été refoulés vers l'Ouest, et plus tard vers le Sud. Pour se soustraire à l'influence des conquérants; ils se seraient installés dans les marais ou dans la forêt inondée partiellement occupée déjà par de petits groupements d'anciennes populations vivant sur les îles flottantes... ». Par contre, l'historien du Congo-Kinshasa Mumbanza (1980), dans sa thèse a établi plutôt que les « gens d'eau » viennent de l'Ouest et du Sud du Congo-Kinshasa. D'autres sources affirment que le système fluvial de la Sangha/Ngoko/Likouala-aux-Herbes, aurait constitué une voie naturelle d'expansion des populations de langues bantu et le Nord-Ouest de la cuvette Congolaise demeure leur présumée lieu d'origine.

Selon la tradition orale telle que rapportée par Soret (1978) les Boubangui se seraient révoltés contre un chef d'une extrême férocité : Kamba ; et c'est alors qu'aurait commencé la dispersion. Avant même l'arrivée de Charles de Chavannes à Mossaka, le 29 Juin 1885, il eut un autre chef très réputé du nom de Koka-na-bisé, qui vivait dans un petit village Bobangi appelé Losakani-Bobangi. Un de ses esclaves Yoka-Naka, jouait le rôle de garde de corps. Un jour, au cours d'une fête, le chef fit venir dans sa localité les chefs des autres villages. A une dizaine de mètres avant d'amarrer leurs pirogues, ces derniers se mirent à danser sur une natte étalée sur l'eau en entonnant des chansons de gloire et de victoire.

Lorsque le chef Koka-na-bisé fut saisi de cet exploit, à son tour, il leur demanda d'aller puiser de l'eau à l'aide de nasses (des nasses qui servent à la conservation des poissons vivants dans l'eau pendant la période des « vaches maigres »).Vu l'échec de ces invités qui croyaient être les plus malins que lui, il entonna une chanson de guerre et de suprématie : « éyé mboka na bilènguè bi loma, ngai pé na bilènguè bi loma » ce qui signifie littéralement : ce village a des enfants téméraires, moi aussi j'ai des enfants téméraires. Puis, il fit une démonstration en allant puiser de l'eau avec les deux nasses qu'il présenta devant le public.

Face à ce succès, un de ses disciples du nom de Botoké, n'a pas hésité d'entonner une chanson pour glorifier son maître «ta yawou, ngai otaka, ta yawou ngai otaka » ; aussi un autre disciple, Malèmbè : « Koumbémbélé atsouki mouana ombé bokouango lénga » ; enfin, Lossika à son tour dira : « Koumba na bibololo, na bibololo… ». Puis, quant vin la nuit, le chef Koka-na-bisé fit venir son garde de corps et lui donna des consignes strictes : « Lorsque tous les invités seront repartis, tu me feras venir les chefs des autres localités qui avaient dansé sur l'eau pour que je leur rende le dernier hommage, avant leur départ ».

Comme les consignes étaient données devant témoin, la nouvelle se répandit et très vite les intéressés en étaient saisis et prirent les dispositions qui s'y imposaient. Dans la nuit même, ils quittèrent le village du chef Koka-na-bisé sans laisser la moindre trace, pour se retrouver dans le village Boyoka, situé au confluent du Congo et de l'Oubangui. De là, ils se séparèrent :

- Nguélo s'en ira vers Kolingamba (R.D.C.) ;
- Ta Yoka est allé vers Lukoléla belge, à Bobanga (R.D.C.) ;
- Mpakama va s'arrêter à Bonga (R.C.) ;
- Mandongo arrivera à Mossaka, puis ira s'installer à Botando (R.C) ;
- Malèmbè est allé à Bossaka, à 2 km de l'actuel Mossaka (R.C.) ;
- Ngobila père, va rentrer à Bohoulou par Mbadza (R.C.) ;
- Ndinga s'en ira à Bokombo, en territoire Mbochi (R.C) ;

- Yoka, quant à lui va traverser le fleuve pour aller à Yumbi (R.D.C.) ;
- Lissika va s'arrêter à Nkonda (R.C.) ;
- Ngobila fils, rentre par l'Alima et va s'installer dans la partie moye (R.C) ;
- Botoké va rester sur le fleuve Congo, à Boualanga (R.C.) ;
- Enfin, Eyoka ira vers le Sud (R.C et/ou R.D.C.) ;

Chaque ancêtre en s'installant dans une localité, amenait un groupe de gens derrière. Par exemple, dans le village Bossaka, Malèmbè en provenance de Balloï, était accompagné de son fils Ngototo. Ce dernier va enceinter la nièce de Yénga 1er du nom de Péndzamoyi qui mettra au monde Yénga 2eme qui n'est autre que l'un des cinq chefs des quartiers que constitue Mossaka de l'époque de Chavannes. Ainsi donc Yénga 2eme mit au monde Epoukoussou qui mettra à son tour Ndzimou, ce dernier donnera Bagnangotsambo. Après le règne d'Epoukoussou, le cordon est cédé à Lindzèkè puis à Matoma (ces propos nous ont été livrés par un arrière petit fils de Yénga 2eme).

Il est vraisemblable que les premiers habitants de Mossaka proviennent du mouvement d'immigration. Et c'est comme ça que les mélanges ont été faits, d'où la polysegmentation, chaque chef de migration s'individualisa de plus en plus par rapport à la terre exondée occupée.

Par contre, cette immigration de l'Est vers l'Ouest a eu lieu également à l'intérieur des villages : les gens en provenance de

Poko (village situé vers Bokosso, à 5 km dans partie Nord de Mossaka) se sont installés à Bouègni, parmi lesquels on notait la présence de Mopara et son épouse Mobakabaro qui seraient les fondateurs du village Bouègni.

Dans ce qui va suivre, nous allons parler de la pensée cosmogonique du monde et de sa perfection chez les Likouba.

IV-2 L'évolution du monde chez les Likouba

L'œuf est une image du monde et de sa perfection pour les Likouba, selon ce que rapporte de leur pensée cosmogonique. Le jaune représente l'humidité féminine, le blanc le sperme masculin. Sa coquille dont l'intérieur est isolé par une membrane, représente le soleil, issu de la coquille de l'œuf cosmique qui aurait brûlé la terre, si le créateur n'avait transformé la membrane en atmosphère humide. Aussi, les Likouba et les Likouala disent – ils que « l'homme doit s'efforcer de ressembler à un œuf. Car, dans la structure de toute cette cosmogonie, l'œuf joue le rôle d'une image – cliché de la totalité. Mais, il succède en général au chaos, comme un premier principe d'organisation. La totalité des différences procède de lui, non le magma indifférencié des origines. Il s'agit d'une « masse » énergétique formée par la pratique, la foi, ou la concentration d'une ou plusieurs personnes autour d'un thème commun », nous a rapporté J.P Lebœuf (1960).

La plupart des auteurs ne parlent que des égrégores formés par des groupes, et excluent les égrégores personnels.

Sachez que si vous pratiquez suffisamment souvent, et suffisamment longtemps avec les mêmes rituels, alors vous parviendrez à créer votre égrégore personnel qui se renforcera à chacune de vos pratiques, rendant celles-ci de plus en plus efficaces.

Un égrégore de qualité peut durer plusieurs siècles, voire plusieurs millénaires sans jamais perdre son intensité. Il se nourrit d'énergie extérieure apportée consciemment ou inconsciemment par les autres hommes. Ce ne sont pas de simples créatures imaginaires, mais des forces agissantes qui se nourrissent des pensées et des émotions de ceux qui croient en eux.

La personnalité d'un individu possédé par un égrégore tyrannique est complètement déformée, voire annihilée. Ce genre d'égrégores des politiques, causent des maux parfois irréversibles. L'initié est celui qui est capable d'utiliser la puissance d'un ou plusieurs égrégores pour rendre sa vie plus heureuse. Il peut aussi créer des égrégores protecteurs qui seront pour lui des alliés de pouvoir. Le pouvoir de créer des égrégores est enseigné par la science chamanique.

Les sectes et religions sectaires engendrent des égrégores tyranniques qui sont très néfastes. Si on est victime de l'un d'eux, il est possible de se libérer de leur mauvaise influence.

Le secret ?

Il suffit d'accomplir les actes que ces égrégores détestent et ils fuiront loin de vous. Le processus de libération est simple : premièrement, couper tous liens avec les adeptes d'une secte ou d'une religion qui nourrit un égrégore malsain. L'important est de s'abstenir de pratiquer au culte qui fortifie l'égrégore dont on veut se libérer. Deuxièmement, après avoir chassé l'égrégore antagoniste de l'égrégore pernicieux, il est conseillé d'utiliser l'influence d'un égrégore antagoniste de l'égrégore funeste. Ce nouvel égrégore jouera un rôle protecteur. Sans cela, l'égrégore chassé reviendra en force et l'état de la personne sera pire qu'avant.

Par la méditation, l'initié peut se construire une carapace contre tout choc en retour. L'égrégore continuera de roder dans le subconscient, il hante la personne qui l'a chassé de son esprit et cherche une faible entrée par laquelle il pourra revenir occuper sa demeure.

La meilleure façon de méditer est de s'asseoir en tailleur sur un tapis, face au Nord. Il est préférable d'enlever tous ses vêtements et de demeurer dans la nudité totale, dans la chambre, par exemple. Devant soi, il faut placer une bougie allumée et concentrer son regard sur la flamme sans sourciller. Respirer calmement et faire appel à un ou plusieurs égrégores connus pour leur pouvoir libérateur et régénérateur (évocation des ancêtres, par exemples).

L'œuf donc est considéré comme contenant le germe à partir duquel se développera la manifestation qui est symbole universel et qui s'explique de lui-même. Le symbole de la naissance du monde.

Pour une projection, examinons les croyances d'autres nations de l'œuf, tel que nous rapporte Cheikh Anta Diop, dans « l'Afrique noire précoloniale » ; présence africaine, Paris, 1960. « Chez les Hindous, l'homme primordial naît d'un œuf. C'est le cas de Prajâpati de P'an-kou. D'autres héros chinois sont nés ultérieurement d'œufs fécondés par le soleil, ou de l'ingestion d'œufs d'oiseau par leur mère.

Pour les Egyptiens, sous l'action d'un démiurge, émergera du Noun, personnification de l'océan primordial, eau absolue contenant des germes de création en attente, une butte sur laquelle un œuf éclore – un dieu jaillira, qui organisera le chaos, en donnant naissance aux êtres différenciés. Le dieu Khnoum issu de cet océan et de l'œuf primordial fabriquera à son tour, à la façon d'un potier, les œufs ou embryons, ou germes de vie. Il est le modeleur des chinois.

Selon les traditions cananéennes, Mochus met à l'origine du monde l'éther et l'air d'où naît Oulômos (l'infini) qui engendre l'œuf cosmique et chansôr (le dieu artisan). Chansôr ouvre l'œuf cosmique en deux et forme le ciel et la terre de chacun de ses deux moitiés.

En Inde, selon la chândogya, l'œuf est né du non-être et il a engendré les éléments. Au commencement, il n'y avait que le non-être. Il fait l'être qui grandit et se changea en œuf. Il se reposa toute une année, puis il se fendit. Deux fragments de coquilles apparurent : l'un d'argent, l'autre d'or. Celui d'argent, voilà la terre ; celui d'or, voilà le ciel. Ce qui était la membrane externe, voilà les montagnes, ce qui était la membrane interne, voilà les nuages et les brumes ; ce qui était les veines, voilà les rivières ; ce qui était l'eau, voilà de la vessie, voilà l'océan.

Le Tibet, la Chine, les Incas, etc. Pour ces pays, l'origine de l'homme part de l'œuf... Voilà comment nos anciens pensaient-ils de la conception du monde et de sa perfection.

IV-3 Du système de parenté chez les Likouba et Bouègni

Chez les Likouba et les Bouègni la parenté est d'autant plus importante qu'elle l'est à la base de tout pouvoir traditionnel. C'est ce qui nous amène à examiner la notion de parenté, sa structure, la place et le rôle d'une personne dans ses familles. A cet effet, Pongault Gilbert (1955) a bien voulu nous illustrer cela par un conte.

A qui revient l'héritage du caïman? Le caïman avait deux cousins : l'hippopotame et le martin-pêcheur. Il arriva un jour que le caïman décéda. En apprenant la triste nouvelle, les deux cousins se précipitèrent au village du défunt. Sans s'occuper des obsèques, ils se ruèrent sur l'héritage. Chacun voulait prendre la plus grande partie possible. Ce qui alluma une grande querelle entre les deux héritiers. Les juges intervinrent et décidèrent de régler l'affaire après la mise sous terre de la dépouille mortelle.

Le jour du procès, le grand mammifère expliqua sous tous les angles les raisons pour lesquelles l'héritage du caïman devait lui revenir entièrement, sans partage avec qui que ce soit. «Un oiseau n'a jamais été l'héritier du caïman» dit-il en conclusion.

De son côté, le martin-pêcheur, sûr de la force persuasive de ses arguments, exposa lumineusement les liens de parenté qui existaient plus entre le défunt et lui qu'entre l'hippopotame et le caïman. Il se défendit avec une éloquence incomparable. Tout d'abord, il avança qu'il était bel et bien le cousin du défunt parce qu'il pêche et mange le poisson comme feu son cousin caïman. «Et puis, dit-il, comment un animal qui mange des herbes et qui met bas des petits tout vivants puisse-il être membre de la famille de ceux qui se reproduisent par des œufs ? Non, il n'y a aucune parenté possible entre l'hippopotame et le caïman. Le seul héritier du caïman c'est moi. L'hippopotame n'est qu'un imposteur », conclut le petit martin-pêcheur triomphant.

Aucun des juristes vivipares ne parvint à attaquer, devant leurs pairs ovipares tant terriens, aériens qu'aquatiques, les arguments du petit martin-pêcheur. Sa vérité resta debout, inébranlable, triomphante. Aussi, unanimement, tous les juges lui attribuèrent-ils l'héritage du caïman. Et c'est à partir de ce jour mémorable que le taciturne martin-pêcheur a été reconnu le seul héritier du caïman.

Toujours l'idée de parenté avec Martine Segalen qui a bien voulu nous donner un essai de définition du concept « parenté » ; on retiendra que la parenté constitue un système de repérage social qui s'effectue par la terminologie. Cette dernière sert à désigner l'univers des parents que la consanguinité, l'alliance (ou dans certains cas l'adoption) nous donnent. De plus, la terminologie de la parenté est un système de classement des parents qui désignent les conduites d'évitement, de respect, de plaisanterie que l'on peut avoir avec ces types de parents.

Chez les Likouba, la parenté est appelée « éboto ». Elle désigne le lien qui unit tous ceux qui sont issus d'un ancêtre commun, masculin ou féminin. Tous ceux qui reconnaissent l'appartenance à un même ancêtre sont entre eux des « biboto » (les parents maternels ou paternels). Ainsi, les LIkouba reconnaissent sur le plan biologique, une étendue de liens constitués par les connexions généalogiques, tandis que sur le plan social, ils reconnaissent l'existence de quelques catégories principales de parents. A première vue, leur système de parenté paraît à fois simple et complexe.

Structure de la parenté : La parenté ou éboto chez les likouba est structurée en clan et lignage.

Pour Marc Augé, le clan « rassemble tous ceux qui se considèrent, en vertu d'une relation généalogique présumée et indémontrable, comme les descendants en ligne directe, soit paternelle (le patriclan), soit maternelle (le matriclan), d'un ancêtre commun légendaire ou mythique ».

Le clan : chez les Likouba le clan est appelé « étouka ». Il comprend tous les membres, vivants ou morts tous issus d'un même ancêtre commun appelé « momè étouka ». Le Likouba actuel est issu de plusieurs bitouka. Mais, du fait de l'absence de supports écrits qui devraient renseigner sur ses bitouka, il se contente actuellement de n'en tenir que huit essentiels (quatre du côté maternel et quatre autres du côté paternel) par lesquels il s'insère dans la société. Le siège et la devise sont des éléments qui caractérisent un étouka.

Le siège : Le siège d'un étouka est le premier village créé et habité par le premier chef de clan : l'ancêtre qui serait parmi les premiers à émigrer et installer sur la nouvelle cité. Certains de ces villages ont disparu, mais les bitouka qui leur sont tributaires demeurent avec des représentants dispersés dans le terroir. Par exemple, Bombongo, sur la Ndéko, est un étouka reconnu comme ayant appartenu au patriarche Wongolo et sa progéniture.

Une devise : Nom et siège du premier ancêtre que les membres du clan évoquent ou scandent lors des circonstances solennelles. Pour chaque Likouba, le nom du clan constitue une devise qu'il évoque lorsqu'il est confronté à une situation difficile. Il l'évoque aussi pour annoncer son identité dans toutes affaires où il est impliqué, lors de fêtes, retrait de deuil, mariages, palabres etc.

L'individu a aussi le droit d'user de la devise de son clan à titre d'exclamation en public pour exprimer la surprise ou l'étonnement, pour évoquer l'esprit du premier parent en vue de retrouver ses esprits et regrouper ses forces dans une situation difficile. Hélène Mipikou avait coutume de dire « Ba yô ô mbongo! Ce qui signifie littéralement «mes ancêtres de Bombongo». Elle jurait toujours au nom de ses ancêtres de Bombongo dont elle est issue.

Le lignage : Pour Patrick Tort et Paul Désarmant, le lignage est « le groupe d'individus liés par les liens du sang et suivant une règle de filiation unilinéaire ; il comprend exclusivement les personnes capables de fait d'établir leur relation généalogique avec un ancêtre commun ». Un lignage est donc l'ensemble des descendants unilinéaires d'un ancêtre commun connu.

A partir de cette définition, nous pouvons dire que chez les Likouba, le lignage est appelé « Boboto bo malongo » (la parenté de sang) : c'est la famille étendue qui désigne une lignée de parents. Ainsi, la parenté est organisée en plusieurs lignes qui constituent des représentations des clans auxquels l'individu appartient ; l'esclave également en fait partie. C'est l'enfant mâle qui reçoit en héritage de son père, tous les droits qui étaient reconnus ou non à ce dernier, tandis que les obligations et devoirs sont reçus par les neveux utérins. Les frères et sœurs de cet enfant mâle jouissent tous des mêmes prérogatives...

IV- 4 De la vie économique des Likouba et des Bouègni

L'économie pratiquée dans cette société reste d'abord une économie domestique, axée essentiellement sur la pêche, la cueillette, la chasse, la forge et l'artisanat. L'économie traditionnelle des Likouba et/ou Bouègni est assise sur les produits de pêche et de chasse. La cueillette et l'artisanat sont pratiqués lorsque les périodes de pêche et de chasse sont moins intenses ; alors se sont surtout les femmes qui se livrent à ce genre d'activités, les hommes, pendant ce temps, préparent les outils de pêche et de chasse pour la saison ; d'autres hommes s'occupent de la forge, qui est une spécialité très limitée.

Quand vint le moment de la pêche, les gens sont regroupés par clan. Ils ont des étangs, des rivières, des forêts laissés par leurs ancêtres. Un étranger qui veut pêcher quelque part, doit avoir l'autorisation du chef de clan dans lequel il veut aller pêcher ou chasser. Le droit d'aller pêcher ou chasser chez les autres, est reconnu à tous les habitants du village, même aux étrangers habitant le village. Toutefois, le produit de la grande pêche ou chasse est frappé d'une redevance pour le clan, à donner au propriétaire de « éboko » qui se la partage aux autres membres du groupe.

La cueillette et l'artisanat constituent la base secondaire de la production sociale. Elles se pratiquent dans le cadre de la communauté villageoise regroupant des familles données. Ces deux types d'activités sont réservés principalement aux femmes ; elles fabriquent ainsi des potiers de toutes sortes :

gargoulette, canaris, marmites, trépieds, assiettes, corbeilles, paniers, nattes, etc. Très peu d'hommes ne s'occupant que de la forge qui est une activité noble par excellence et créatrice de la terre, par des techniques ancestrales, que nous allons développer d'ailleurs dans les lignes qui suivent (point b), ils fabriquent des coupe-coupe, haches, houes, harpons, couteaux, sagaies, pipes, bijoux etc. Pierre Kani est l'un des premiers à avoir ramené cette technique chez les Likouba. Ce fut un des gens qui pratiquaient l'extraction du fer dans la rivière Kouyou ; à Mossaka, il était pratiquement le seul forgeron réputé. Il était au service d'Ébanga et plus tard deviendra sujet de Longangué. Très vite assimilé dans le milieu Likouba, on lui donna en mariage à cause de son habileté manuelle, la plus belle fille du village (Pauline).

a)- La poterie : comment les indigènes procèdent-ils ?

Les plus expérimentées dans cette technique étaient les femmes Likouba. La terre, soigneusement choisie, et provenant parfois d'un endroit très éloigné (dans tout le Congo, la meilleure argile se trouve à la Bouénza et à Mbandza, un petit village en voie de disparition, situé à 35 km dans la partie sud du District de Mossaka), est pétrie par les femmes, parfois aidées par les hommes, puis reste séjourner dans les fosses durant plusieurs mois ; elle est alors reprise par les femmes qui se mettent à l'œuvre. Les vases sont modelés sur des planchettes pivotantes servant de tour, la forme est donnée à l'aide de grossiers gabaries en bois, et comme outil, on se sert surtout de la main.

Les gargoulettes sont faites en deux parties parfois-même en trois si le col est élancé ; ces parties sont ensuite soudées l'une à l'autre. L'objet achevé et décoré est mis à sécher à l'ombre, puis on procède à la cuisson. Sur une aire préparée, bordée d'un petit talus, sont disposés de six à douze pots et gargoulettes préalablement bourrés de poudre de charbon de bois ; ils sont alors ensevelis sous un cône du même combustible, mais non concassés. Le cône est recouvert de fagots ; on met le feu et pour l'activer, des gens (généralement des apprentis) soufflent dans les ouvertures autour du bucher. La combustion dure deux à quatre jours et l'opération est achevée.

Potiers Twa

b)- L'extraction du fer et les outils du forgeron

Chez les Likouba le travail de fer est une technique qui est issue du résultat de l'immigration. Ce minerai est abondant et facile à recueillir, on le trouve en surface. Le fer est extrait de ce minerai par cuisson dans un fourneau où il est mélangé à du charbon de bois. Les fourneaux sont des trous creusés dans le sol, ou des petites tours de terre sèche. Le feu y est activé au moyen de soufflets, pendant deux jours environ, après quoi le fer se dégage des scories et peut être forgé.

L'outillage du forgeron Comprend :

- **Une enclume** : g r o s s e pierre pour le début du travail ; petite pièce de fer fichée en terre, ou dans une bûche, pour la finition ;
- **Une masse** : en Pierre (chez les Ngbandi du Congo-Kinshasa, par exemple), ou en fer. La masse de fer peut servir de petite enclume pour la finition des objets ;
- **Un marteau en fer** : m a s s e et marteau sont emmanchés ou non emmanchés. Les marteaux non emmanchés (au Sud de la R.D.C. et au Burundi-Rwanda) ont l'avantage de pouvoir servir par les deux bouts, généralement de dimension différentes : ce sont donc des outils à fonctions multiples ;

- **Un soufflet** : Pour activer le foyer, qui doit fournir plus de chaleur que le feu ordinaire. Cette chaleur est obtenue grâce au souffle continu du soufflet ;
- **Une Pince** : Pour manier le feu brûlant ; elle peut être remplacée par un simple manche de bois provisoire, renouvelé quand il est trop brûlé ;
- **Un récipient de bois ou de terre cuite** : Contenant l'eau nécessaire à la trempe ; au cours du travail, le fer y est plongé souvent, ce qui le durcit.

Avec cet outillage simple, le forgeron arrive à produire des objets solides, efficaces, bien équilibrés. L'achèvement est soigné. Les outils et les armes de fer étaient indispensables à la vie coutumière. Les agriculteurs se servaient de haches et de machettes pour défricher, de houes pour labourer. Les chasseurs et les guerriers avaient besoins de lances, de flèches, de couteaux et les sculpteurs d'herminettes, de gourdes, de rabots. Toute la production reposait donc sur l'activité de la forge.

Chez les Likouba, les objets forgés, laissés inachevés, servaient de monnaie : le forgeron les échangeait contre d'autres biens, et ils passaient ensuite de main en main, dotés d'une valeur précieuse. L'art du forgeron qui manie l'air du soufflet, le feu du foyer, l'eau de la trempe et le fer arraché à la terre, était considéré comme d'essence surnaturelle. Aussi, la forge était-elle un endroit sacré, qu'on ne pouvait profaner. Le forgeron lui-même était soumis à un rituel précis lorsqu'il exerçait son métier. De plus ; il jouait un rôle important dans l'initiation des garçons, et faisait souvent fonction de justicier et de devin.

Un chef de famille préfère marier sa fille à un forgeron qu'à un homme riche. Le forgeron est prêt à fabriquer pour son beau-père une pipe, ce que l'homme riche ne peut pas.

Pierre le forgeron

IV-5 Les métiers libéraux à Mossaka

Des métiers libéraux vont être créés à Mossaka. C'est l'arrestation abusive, suivie d'humiliation et d'une forte amende du commerçant Honoré Bokilo, sous prétexte d'ivrognerie publique, ce qui était naturellement faux, et l'amende de 400.000 francs de cette époque (1949) à payer cash infligée au commerçant Jean Baptiste Bombolo par Paraclet sur complicité de l'agent de la CFHBC, ce qui avait déçu les ressortissants de la Ndéko; ceux-ci se résignèrent tous à travailler chez le blanc. Les premiers commerçants s'installent, tout comme les tailleurs, les boulangers et les menuisiers, etc. la concurrence est de taille. Voici quelques noms :

a) Les premiers commerçants à Mossaka

- C.F.H.B.C., est installée à Mossaka-C.F.H.B.C., Quinzi, Loboko ;
- Jean Baptiste Bombolo, est installé à Mossaka, Bouaya ;
- Mathias Boyembe, est installé à Mossaka ;
- Honoré Bokilo, est installé à Mossaka, Motémobiongo, Nkassa, Loukoléla et Fort-Rousset ;
- Patrice Mokoko, est installé à Mossaka, Boléko, Fort-Rousset
- André Mohondiabéka, est installé à Mossaka, Loukoléla ;
- Joseph Yaeglé, est installé à Boléko ;

- Jean Le Goff, est installé à Boyengue, Bokouango, Ngbala, Mitoula ;
- Antonio Henriquès, est installé à Loukoléla, Likènzè, Nkassa, Botounou ;
- Michel Bokomba, est installé à Mobaka ;
- Adalbert Palé, est installé à Mossaka ;
- Jean Lokéla, est installé à Nkassa ;
- André Botata, est installé à Mossaka ;
- Jules Mombéki, est installé à Mossaka;
- Marcel Missétété, est installé à Mossaka ;
- Nganga-bouka, installé à Loboko ;
- Ambroise Moniéké, installé à Mossaka ;
- Ange Londzeni, installé à Mossaka ;
- Florent Bolénga, installé à Mossaka ;
- Albert Ebondzo, installé à Mossaka ;
- Antoine Elongo, à Mossaka ;
- Charles Monguia, installé à Mossaka ;
- Jean Marie Eleli, installé à Mossaka ;
- Daniel Lohoussabeka, installé à Mossaka.

La majorité de ces commerçants proviennent de l'axe Ndéko (16 sur 19 congolais, les 4 autres étant des colons). Il y a une explication : <<les gens d'eau>>, principalement les Bouègni, n'ont jamais accepté de travailler aux côtés du colon pour espérer recevoir un maigre salaire à la fin du mois. Ils se sentent mieux en ayant un métier libéral qui leur procure des ressources de façon autonome.

Depuis l'école initiatique, ils ont appris à se débrouiller dans la vie. C'est ainsi que sur la liste des travailleurs de la CFHBC dans le chapitre V, vous ne trouverez pas un seul Bouègni.

b) Les premiers menuisiers à Mossaka

- François Okouaka ; installé à Mossaka ;
- Laurent Amoua, installé à Mossaka ;
- Martin Niombéla, installé à Mossaka ;
- Emile Bakalé, installé à Mossaka ;
- Blaise Omeni, installé à Bokouélé ;
- Auguste Ombé, installé à Bouaya ;
- Paul Okiélé, installé à Likènzè ;
- Antoine Eba, installé à Likènzè ;
- Théodore Opuya, installé à Likènzè ;
- Raymond Ngakosso, installé à Nkassa ;
- Ferdinand Bongo, installé à Ekongo ;
- Dominique Ngounda, installé à Loukoléla ;
- Jean Ouesso, installé à Loukoléla ;
- Pierre Yandza, installé à Loukoléla ;
- Paul Lokélé, installé à Loukoléla ;
- Isidore Mokouango, installé à Ehota ;
- Inocent Iloki, installé à Mossaka ;
- Charles Ekoungoulou, installé à Mossaka.

Ici, il convient de signaler que la menuiserie de Mossaka était dirigée provisoirement, en ce temps là, par Okouaka

François. Il fallait renforcer l'équipe et trouver un chef. Pierre Biyola, qui fut maçon, suggéra au blanc de prendre Martin Niombéla qui sortait droit d'une école de formation en menuiserie à Brazzaville et qui devait se reposer chez ses parents maternels à Bokosso (son paternel étant de Motoumongonde, village situé à 20 km de Mossaka). Le colon avait organisé un test de présélection pour le choix du chef d'équipe. A l'issue du test, Niombéla fut le major et sera recruté comme chef d'équipe de l'atelier de menuiserie de Mossaka. Il y rencontra par la même occasion, son ami Ebomoua Hyppolite qui fut, lui aussi, choisi comme chef des maçons de Mossaka. Tous deux avaient pour mission de recruter de très bons ouvriers qui devaient les seconder dans leurs tâches.

c) Les premiers tailleurs à Mossaka

- Bénille Amboradé, installé à Mossaka –C.F.H.B.C. ;
- Jules Babaka, installé à Mossaka ;
- Jules Onguélé, installé à Mossaka ;
- Edouard Lonongo, installé à Mossaka ;
- Pognabéka, installé à Bokouélé puis Mossaka ;
- Albert Embounou, installé à Boténa ;
- Antoine Dimi, installé à Loukoléla ;
- Jean Sogho, installé à Loukoléla ;
- Félix Lobouaka, installé à Bokosso ;
- Tchingmbia, installé à Loukoléla ;
- Vincent Djoni, installé à Loukoléla ;
- Emmanuel Boli, installé à Loukoléla ;

- Adinga, installé à Likènzè ;
- Diambéla, installé à Motémobiongo ;
- Emmanuel Ngoka, installé à Bokouango ;
- Raphael Mandende, installé à Youmba ;
- Anatole Yoka, installé à Ekouli ;
- Ekouassi, installé à Mabongomandongo ;
- François Mangué, installé à Ekouli.

d) Les premiers boulangers à Mossaka

- Pierre Biyola, qui fut maçon puis boulanger installé à Mossaka ;
- Emmanuel Molongo, installé à Mossaka ;
- Bopoulou, installé à Mossaka ;
- Daniel Ikama, installé à Loukoléla ;
- Julien Baya, installé à Loukoléla
- Pascal Botolo, installé à Loukoléla ;
- Rubens Moyéké, installé à Bobolo ;
- Christophe Mondzenga, installé à Youmbi.

e) Les premiers photographes et pêcheurs à Mossaka

- Isaac Lobouassa, installé à Mossaka, photographe ;
- Bokambissa, installé à Mossaka, photographe ;
- Albert Vaka, installé à Mossaka, chef des pêcheurs ; il est le neveu de Kimouaka l'un des cinq chefs que De Chavannes avait rencontrés à Mossaka. Vaka habite actuellement sur le site où vivait son oncle

Kimouaka et comme par hasard, c'est Longangué
qui lui avait montré cet emplacement pour y
rester ;
- Mbènè, pêcheur installé à Mossaka ;
- Bognènguètsèkè, pêcheur installé à Mossaka ;
- Bongouandé Emile, pêcheur installé à Mossaka ;
- Motsouandzala, pêcheur installé à Mossaka ;
- Lomboui, pêcheur installé à Mossaka
- Côme, pêcheur installé à la C.F.H.B.C.

Chapitre V : Organisation administrative et socio-culturelle

a) L'organisation administrative de la C.F.H.B.C. à Mossaka

Une des premières interventions de l'administration locale à l'égard des sociétés devait consister à les déclarer officiellement en possession des terrains qui leur avaient été concédés.

Pour la C.F.H.C. (Compagnie Française du Haut Congo), cette formalité se fit en deux temps puisque le décret de concession lui avait attribué deux territoires distincts. Il existe un procès verbal de mise en possession daté du 8 Mars 1900, signé d'Henri Tréchot et de **Vittu de Keraoul** (Chef de région du Moyen Congo, résident à Loukoléla) qui se sont transportés à la lagune dite de Likouba au village Meya en présence du chef Missongue, l'un des plus importants du pays ; l'administrateur de Loukoléla déclara que la C.F.H.C. pouvait commencer ses opérations. Dans un autre procès verbal, dressé à Tokou le 22 Novembre 1901, il est fait état de la mise en possession de la C.F.H.C. pour les régions traversées par la Likouala-Mossaka. Tokou est situé sur cette rivière à plus de 200km de Mossaka ; comment se fait-il que l'administrateur Prins ait pénétré si profondément à l'intérieur de sa circonscription ? La raison en est bien simple : ayant dû se rendre à Loboko pour enquêter sur les incidents qui avaient éclatés en avril 1901, il poussa un peu plus loin sa navigation sur la Likouala et se rendit à Tokou où la C.F.H.C. possédait une importante factorerie (Mazenot, 1970).

Comme on le voit, la mise en possession des concessionnaires, notamment celle de la C.F.H.C. dans la Likouala-Mossaka, ne fut qu'une simple formalité administrative sans grande portée pratique. Les contestations possibles au sujet des limites des concessions, des réserves et des droits des tiers, avaient été, conformément aux instructions ministérielles, soigneusement évitées. Les autorités locales auraient d'ailleurs de la peine à les prendre en considération, compte tenu des effectifs réduits dont elles disposaient.

Le recours aux auxiliaires indigènes de l'administration ne fut pas limité aux chefs ; on a vu l'usage qui a été fait pour les actions de pénétration des gardes régionaux. Ces gardes ont été recrutés sur place chaque fois que la chose a été possible (étant précisé qu'ils recevaient une affectation éloignée de leur lieu d'origine). Au début, pendant les années 1910 et 1911, c'étaient eux qui servaient d'intermédiaires entre les populations locales et les représentants de l'administration qui n'en connaissaient pas la langue. Mais, bien vite les inconvénients du système apparurent : dans une lettre du 24 Février 1913, le chef de circonscription de la Mossaka dénoncera les maladresses, les exigences, les brutalités de nos miliciens, ajoutant qu'il ne fallait plus s'en servir comme interprètes. Le premier interprète recruté sur place fut Bangui, fils du chef Ona de Makoua, nommé par décision du 1er Juin 1912 à la solde mensuelle de 20 frs.

L'ère des interprètes commençait : s'ils n'avaient pas la maladresse et la brutalité des gardes, ils en conservèrent souvent les exigences et le rôle qu'ils ont joué, et doivent être appréciés avec beaucoup de prudence. L'administration procéda également, à partir de 1916-17, à la nomination de chefs de terre, officialisant ainsi la chefferie traditionnelle existant à ce niveau. Il s'agissait là plutôt d'un titre honorifique que d'un véritable échelon de commandement, car les deux opérations administratives essentielles (recouvrement de l'impôt et recensement) se faisait dans le cadre du village.

Cependant il y a lieu de souligner le paradoxe constaté entre les recrutements d'auxiliaires à la C.F.H.B.C. (Compagnie Française du Haut et du Bas Congo) qui intéressaient uniquement les peuplades venus d'ailleurs (Mbochi, Téké, Kouyou, Makoua, Mbéti, Ngaré, etc.) mais jamais le Likouba ou le Bouégni demeuré attaché à ses activités de pêche qui semblaient lui rapporter plus d'argent.

Quelques noms des agents de la C.F.H.B.C.

- Jean Marie Mokoko
- Alexandre Obambo
- Albert Otima
- Maurice Ata
- Louis Pombia

- Abraham Itoua
- Daniel Osseté
- Boniface Atsoutsou
- Kouboukoubou
- Henri Ngayouma
- Obenda
- Itoua Gnagna
- Clotaire Obesse
- Dominique Okombi
- Louis Onguema
- Michel Aditou
- Léopold Lemini
- Daniel Ondzé
- Norbert Ngombet
- Alexandre Nianga
- Mossa
- Longo
- Alexandre Ayessa
- Aboko-Adouka
- Koma
- Nguesso
- Otero Elenga
- Otiya
- Nganongo
- Olivier Okondza
- Ngakana
- Philippe Andeli
- Charles Oyelono

- André Ontsinard
- Basile Lengou
- Antoine Oborakamba
- Edzara
- Olingou
- Gaston Koko
- François Ndeke
- Ngakosso…

En même temps qu'était menée cette politique du contact avec le concours des auxiliaires indigènes, l'équipement administratif des circonscriptions était mis en place au fur et à mesure que les progrès de la pénétration le permettaient. Une institution originale faisait d'ailleurs appel à des éléments locaux, ce fut celle des **tribunaux indigènes.** Ces tribunaux créés par un décret du 12 Mai 1910 sous le Gouverneur général Henri Martial Merlin, devaient siéger dans chaque chef-lieu de circonscription, sous la présidence de l'administrateur, assisté de deux assesseurs nommés pour un an et qui ont voix consultative : l'un d'eux doit être un indigène, l'autre un citoyen français européen dont le rôle est d'éviter que le président ne soit trop tenté de suivre la loi française. Le tribunal indigène juge en premier et le citoyen français, en dernier ressort en matière civile et commerciale. En matière répressive, ses jugements doivent être homologués par une chambre spéciale d'homologation chaque fois qu'ils comportent une peine supérieure à deux ans de prison. Le tribunal applique les coutumes locales dans la mesure où elles ne sont pas contraires aux principes de la civilisation française.

b) Création de bureaux de poste et de centres médicaux

Il convient de mentionner enfin dans le domaine social, la création à Makoua en 1913 d'un **poste médical** ayant à sa tête un médecin des troupes coloniales donnant des consultations gratuites, mais assez peu appréciées, semble-t-il. Le médecin aide-major Duffours, titulaire du poste, établi par le chef de circonscription en février 1914, ce dernier relève que, pour soigner les gents en brousse, il faut être plus psychologue que médecin et que les résultats obtenus ne sont guère encourageants ; les malades épuisent d'abord toutes les ressources de la médecine locale et quand on les amène au poste médical ils sont généralement à toute extrémité : il est presque impossible de les sauver. Duffours est mort le 12 Septembre 1914 à Makoua où il est enterré.

Ce n'est qu'à l'approche de la deuxième guerre mondiale que Mossaka va avoir un dispensaire : Messieurs Itoua Moïse et Koyamba André en seront les premiers infirmiers à tenir le centre.

Les **agences spéciales** dont le rôle est un peu comparable à celui des « perceptions métropolitaines», furent ouvertes immédiatement après la création des circonscriptions : Celle de Makoua le 2 décembre 1909 (en caisse de 25.000 frs portés à 40.000 frs le 4 avril 1912) et celle de fort-Rousset le 26 Mars 1913 (en caisse de 30.000frs).

Trois **bureaux de postes** furent également ouverts dès les premières années de la pénétration coloniale : deux dans la circonscription de la Mossaka (à Makoua le 12 septembre 1912 et à Mossaka au début de l'année 1913) et un dans celle du Kouyou (à Fort-Rousset le 1ᵉʳ Octobre 1913). Ces trois bureaux échangeaient des dépêches, closes entre eux et avec les bureaux de Loukoléla et de Brazzaville.

Puisqu'il s'agit du service des postes, on ne peut passer sous silence la mission confiée en 1909 au capitaine Périquet par le gouverneur général Merlin pour l'étude de la ligne télégraphique Brazzaville-Ouesso. Au cours de cette mission qui prit fin dans les premiers jours d'octobre 1909, le capitaine Périquet reconnut le tracé Ouesso-Makoua et Fort-Rousset (dont la ligne télégraphique ne fut effectivement réalisée qu'après l'achèvement en 1930 des travaux de la piste automobilisable Fort-Rousset-Mambili); comme il existait déjà à cette époque un projet de ligne télégraphique reliant Ndjolé (Poste déjà relié à Libreville) à Loukoléla en passant par Fort-Rousset.

Loukoléla, situé sur le tracé projeté Brazzaville-Bangui, devait assurer le relais en direction d'Ouesso par Pikonda. On peut considérer le tracé Fort-Rousset-Ouesso comme une variante du tracé Loukoléla-Ouesso. Il existait également un autre projet, consistant à retirer directement Ouesso à Ndjolé. Le journal de communauté de la mission catholique de Boundji mentionne le passage de la colonne Périquet (20 miliciens – 40 porteurs) le 23 août 1909 venant de Fort-Rousset et se dirigeant sur Brazzaville par Okoyo et la haute Léfini. Ajoutons que l'installation d'un poste de T.S.F. avait été prévue à Okoyo ; en août 1913, le lieutenant Pincemin vint sur les lieux reconnaître l'emplacement. Le matériel nécessaire était à pied d'œuvre en août 1914, mais il ne fut jamais monté à cause d'une lettre confidentielle du 1er août 1914 du lieutenant gouverneur du moyen Congo, qui informait le chef de circonscription de la Mossaka, l'administrateur-adjoint Mounié, de la déclaration de guerre entre l'Autriche-Hongrie et la Serbie et indiquait les mesures à prendre en raison de la tension politique internationale ; puis, le 4 Mars 1919 tout ce matériel était réexpédié sur Brazzaville.

Pendant ce temps, la nécessité de contrebalancer l'influence allemande dans le delta de la Sangha s'imposa avec force aux autorités françaises. Un chef de poste fut nommé à Mossaka. René Ernest Collombet, administrateur-adjoint des territoires d'Outre-mer fut nommé le 24 décembre 1912 comme chef de poste à Mossaka. Il y restera pendant toute la période de la première guerre mondiale où il sera mobilisé à affronter l'ennemi. Les Noirs de Liranga sont perplexes, ils viennent demander des fusils chez Collombet à Mossaka. Des travailleurs montent. En même temps, Messieurs le Chancre et Faignond de passage à Mossaka, attendent la mobilisation. Les travailleurs de Faignond ont « mobilisé sa galette » qui contenait 500 frs CFA de << Bons de bois >> destinés au ravitaillement des bateaux à vapeur. De Bonga les Allemands se sont repliés sur Moloundo au Cameroun. Le bateau Alphonse Fondère réquisitionné, restera à Moungoumba et assurera la police du fleuve jusqu'à Bangui. Bonga a été reconquis en 2 heures ; Collombet fait garder le canal de Likènzè militairement. Enfin, Faignond a retrouvé sa « galette » et le voleur.

Une concentration d'effectifs militaires est prévue à Makoua, la quasi-totalité des gardes de la circonscription doit y être rassemblée ; ne reste dans chaque poste qu'un simple détachement de quelques hommes. Le chef de la circonscription du Kouyou a reçu l'ordre d'y envoyer tous les gardes dont il pouvait disposer après avoir assuré la protection de Loboko (15 hommes) et la garde de ses postes. De la Bakota devait venir un détachement de 50 tirailleurs ainsi que le chef de circonscription, le capitaine Thomas, qui prendrait le commandement de l'ensemble, une centaine d'hommes environ auxquels se joindraient ultérieurement 50 gardes régionaux attendus de Brazzaville via Mossaka.

Pour ce dernier poste, un renfort de 50 tirailleurs est à prélever sur les effectifs de la compagnie de l'Alima. Le 2 Août 1914, une décision du lieutenant gouverneur du Moyen Congo sommait l'Administrateur en chef Leprince, inspecteur des affaires administratives, avec mission de se rendre immédiatement en tournée dans la Mossaka et dans le Kouyou. Il était habilité à prescrire aux chefs de circonscription toutes les mesures qu'il jugeait utiles pour seconder l'action militaire (transports, approvisionnements, service de renseignements) et de prendre des décisions d'affectation de personnel (européen et indigène) immédiatement exécutoires.

L'Administrateur en chef Leprince, inspecteur des affaires administratives, se trouvait à Mossaka lorsque lui parvint le télégramme du lieutenant gouverneur l'informant de la déclaration de guerre entre la France et l'Allemagne : ça devait être le 5 Août. Les hostilités, qui allaient immédiatement commencer à Bonga, durèrent à peine un mois dans le Haut-Congo, exactement du 6 Août, date de la prise de poste au 31 août, jour où les troupes françaises entrèrent à Ouesso que les Allemands avaient occupé le 23. Tels sont les événements majeurs survenus au cours de cette période.

Immédiatement après la guerre, le décret du 7 avril 1911 qui réglementait la main-d'œuvre de certains travailleurs fut exécuté très rapidement par la C.F.H.C. à Mossaka ; des agents qui n'avaient pas de contrat de travail et qui touchaient des salaires fantaisistes.

Le nombre des postes administratifs qui était de trois en 1909, est passé à dix en 1913; trois écoles de circonscription ont été ouvertes, trois bureaux de poste, deux tribunaux indigènes, un poste médical. La population fut recensée pour la première fois en 1913 ; les recouvrements d'impôt furent multipliés par dix, facilités par la diffusion du numéraire qui est considéré comme un des éléments les plus positifs de l'action administrative pendant cette période.

Il est juste d'ailleurs de reconnaître à la C.F.H.C. le mérite qui revient dans la diffusion de la monnaie. Mais, le Gouverneur général Merlin allait plus loin quand il parlait du rôle joué par cette compagnie dans la pénétration. Tous les discours qu'il a prononcés de 1910 à 1914 à l'occasion de la réunion du conseil du gouvernement, reproduisent à peu près toujours la même phase : «L'organisation de la région de la Likouala-Mossaka se poursuit normalement grâce au concours que l'administration trouve auprès de la C.F.H.C. qui y est établie».

Cette extension des mérites de la société des frères Tréchot paraît abusive ; on a vu d'ailleurs que son action était jugée différemment par l'administration locale qui avait à subir les conséquences des initiatives prises par certains de ses agents – on se souviendrait de l'affaire Levaique avec les populations de Makénéngué en 1911, pour laquelle un certain Massa du village Bondzonda avait trouvé la mort.

En réalité, les intérêts de la C.F.H.C. étaient bien distincts de ceux de l'administration et son point de vue sur la pénétration, différent. Ce point de vue s'est d'ailleurs modifié au fil des années. Au début, elle se montre pressée ; l'administration est accusée de lenteur pendant que la C.F.H.C. cherche à accélérer l'occupation de sa concession pensant obtenir de nouveaux débouchés pour ses activités commerciales. En ce qui concerne l'impôt indigène, cette compagnie proposa à l'administration la méthode de non violence de recouvrement : « il n'est pas douteux que l'indigène, pour se libérer de l'impôt, sera amené à accomplir un travail sinon régulier, du moins, périodique dont la rémunération consistera un stimulant et pourra l'inciter à contribuer de façon normale à l'exploitation de plus en plus étendue des richesses forestières que renferme notre concession ».

La compagnie C.F.H.C. est installée à Mossaka depuis 1902 ; et c'est Louis Tréchot qui fut le gérant principal. Les gens de Mossaka l'avaient surnommé « Zoro-Zoro », nom dérivé de leur bateau de transport de marchandises, et à cause de son gros ventre et du fait qu'il nasillait un peu. La rivalité commerciale qui résultait de l'implantation allemande fut de courte durée : le poste de Bonga fut fermé. Puis, la compagnie s'assagit et deviendra C.F.H.B.C. en 1937, grâce à Mgr Biéchy qui sut s'y prendre avec Louis Tréchot.

R. E. Collombet, l'Administrateur Adjoint des Colonies

1912-1918

C) Création des églises et écoles à Mossaka

Jusqu'en 1912 où le Gouverneur général de l'AEF Henri Martial Merlin avait nommé l'Administrateur des Territoires d'Outre-mer, Collombet, comme premier Administrateur des Colonies à Mossaka, il n'y avait pas encore d'églises ni d'écoles dans notre contrée. Les écoles étaient créées sur propositions des chefs de circonscription et dans la limite des prévisions budgétaires. La première école ouverte fut celle de Makoua ; un Arrêté du 12 octobre 1912, créait à compter du premier janvier de la même année 8 écoles dans la circonscription dont celle du chef lieu de la Mossaka (il en existera 12 à la fin de l'année). Celle de fort-Rousset fut ouverte par un arrêté du 22 août 1913. Le 5 décembre 1914 ce fut le tour de l'école de Mbomo (circonscription des Bakota). Mossaka, bien que chef-lieu de la subdivision seulement, fut doté d'une école le 1er janvier 1916 (Arrêté du 16 novembre 1915).

La toute première église sur la Ndéko fut celle de Biri, créée en 1916. Puis, en 1917, une grande inondation a sévi dans la Moyenne et Basse Ndéko jusqu'à Mossaka. Monseigneur Augouard a lu la messe dans l'eau. Le seul endroit surélevé était la Haute Ndéko. Mgr Augouard demandera donc aux populations de Bouègni de descendre vers Laki (environ 25 km) pour créer le village Yombé, évidemment avec l'accord de Bélo-Bélo qui fut propriétaire des lieux, le village Bouègni étant considéré comme excentrique, malgré ses 35 quartiers grouillant tous de personnes.

Les gens venaient de Makénéngué, Bossalo, Biri, Sèngolo et même de Libala. Des nouveaux quartiers ont été créés. On cite : Ouènzè qui serait créé par de jeunes venant de Bouègni tels que Mokoumaka Patient, Boboma Achille, Ekéni Aignan, Bonongo Alban, etc. et d'autres quartiers : Bossalo, Makénéngué, et Mission, ont fait la grandeur de Yombé.

Puis, l'église de Yombé va être créée (1918) et aura pour premiers catéchistes Mbouma Pierre, Eyoka Emile et Mandzo Robert qui venait de mourir il n'y a pas longtemps en 2002. La même année, un conflit va naître entre les villages Libala et Yombé à cause des tôles qui devaient servir à la reconstruction de l'église de Biri. Les gens de Libala s'étaient proposés de les acheter en avançant la moitié du prix ; mais, ceux de Yombé étant dans le besoin urgent, racheteront du coup toutes les tôles et rembourser l'argent des gens de Libala qui n'avaient pas encore d'église. Une bagarre va éclater entre les deux villages : trois jeunes gens de Yombé seront pris en otage ; il s'agit d'Armand Bonguili, Pascal Bobassa et Agrippa Koukiabeka. Ce dernier cité, bénéficiera de certaines faveurs du fait qu'il soit né d'un père de Libala, et c'est même son frère aîné Honoré Bokilo qui commandait les opérations. Les deux autres ont été sévèrement punis, mais les tôles ne seront jamais rendues...

Le village Bouègni sera réservé aux travaux champêtres. Cela n'a pas empêché à certains conservateurs d'y rester. Deux des 35 quartiers de Bouègni, Mokondo 1 et Mokondo 2, compte tenu de leur position géographique par rapport aux zones inondées, ont un sol très fertile. Toutes les espèces d'arbres fruitiers et plantes légumineuses y poussent sans qu'on n'y ait mis de fumier. Les missionnaires avaient fait de cet endroit un grand verger, qui pouvait ravitailler tous les autres villages par ses produits. D'où la réputation des gens de Bouègni d'être considérés de « grands mangeurs de taros ».

Libala aura enfin son église un an après et aura pour catéchiste Bolèngo Pascal. Celle de Bokosso sera construite en 1925 et aura pour catéchiste Koumba Michel. Comme l'on peut constater, ce n'est qu'à l'intérieur du pays que les églises seront ouvertes. Mossaka qui est pourtant le chef-lieu de district, n'a pas d'église. Monseigneur Augouard avait compris que la population de Mossaka était plutôt athée ; il était donc difficile de convaincre les gens à aller à l'église. Il fallait compter sur les églises de l'intérieur.

En 1937, le père Louis Lebaye avait rassemblé les catéchumènes en plein air à Mossaka et avait demandé qu'on construise au moins une case et une chapelle. C'est finalement en 1938 que le père Noter va construire la première chapelle à Mobaka, qui aura pour catéchiste Félix Likéba.

Cependant, un incident va être créé : Louis Tréchot qui fut le Gérant de la CFHBC, reprochera aux populations qui allaient à l'église au lieu d'aller faire des corvées. C'est ainsi qu'on va créer l'église de Boténa pour échapper à ces contraintes. Félix Likéba sera muté à Boténa et à Mossaka on placera Thomas Mopion comme auxiliaire.

A partir de Liranga qui était le grand centre d'évangélisation dans tout l'axe Nord, Mgr Augouard qui présidait le Conseil épiscopal du Moyen Congo, sortira une décision de créer des écoles privées qui serviront d'appui aux églises catholiques. La première école privée dans notre contrée est celle de Bokouélé ; elle fut construite en 1938 par le père Chaire, et aura pour maître Charles Edoungoua, ceci après la réouverture de l'école officielle de Mossaka en 1931. Les premières tentatives d'ouverture de 1916 et 1922 étant soldées par des échecs à cause des répercutions de la guerre.

Puis, en descendant sur la Ndéko, ce fut la construction de l'école de Libala, en 1942, et ayant pour maître Joseph Bamiata. Celle de Yombé fut créée en 1944, ayant pour maître Philadephe Tchounny qui sera remplacé plus tard par Félix Likéba. L'école de Biri sera ouverte en octobre 1949 et aura pour premier maître Anatole Dekoum. Il y aura ensuite l'école de Sèngolo et de Bokosso, deux ans après.

Dans toute la zone hypo, il n'y avait que l'école officielle de Boniala qui fut créée en 1948 ; puis, venait celle de Bohoulou, créée en 1950, ayant pour maître Nguimbi.

Un élément retient l'attention : pour communiquer avec toutes ces églises et écoles, des télégrammes (ou courriers) étaient envoyés depuis Liranga et étaient convoyés par des catéchumènes faisant le relais à bord des pirogues. Ceux en provenance de Liranga venaient déposer le télégramme à Mossaka. A partir de là, des groupes se constituaient : un premier groupe partait à Bokosso et à Botena ; un deuxième groupe pour Sèngolo et Biri ; un troisième groupe pour Yombé et un dernier groupe pour Libala et Bokouélé. Ceux qui arrivaient dans le village indiqué se faisaient remplacer par ceux de ce village et ainsi de suite, le relais continuait jusqu'au dernier village et retour.

La pirogue était et demeure jusqu'aujourd'hui un **élément catalyseur de l'homme de l'eau.** On pouvait tout faire en étant dans la pirogue : la pêche, la chasse, la cueillette, les voyages, cuir les aliments, dormir, jouer, etc. C'est aussi l'un des meilleurs endroits pour écrire : on s'y installe ; sans mouvement de pagaie, la pirogue glisse tout doucement le cours de la rivière. Après avoir admiré un premier paysage, un autre paysage s'enchaîne faisant apparaître un soleil rougeâtre sur la crête des arbres... ; puis, on oublie le temps, on oublie la date. La pirogue est un microcosme d'où tout de la société s'y trouve. Pour une meilleure image de la pirogue, les Bouègni avaient créé une danse qu'on appelle « kayi » ; ce qui signifie littéralement la pagaie «le propulseur». Depuis la Haute et Basse Ndéko, les gens de Bokouélé, Libala, Yombé, Makénéngué, Biri, Sèngolo et Bokosso partaient de leurs villages respectifs pour aller apprendre le cathéchisme à Liranga ; ils y allaient aussi pour leurs mariages et baptêmes et plus tard pour des études. Tous ces déplacements se faisaient à l'aide de pirogues. Avec les mêmes pirogues, ils faisaient également du commerce, en se déplaçant d'un village à un autre. Ils formaient des convois entiers avec deux, trois, quatre pirogues ou davantage qu'on appelaient « molouka » pour descendre sur le fleuve Congo jusqu'à Brazzaville afin de vendre leurs produits et parmi lesquels, il y avait les fameux taros des villages Mokondo 1 et 2.

Après la vente, ils achetaient des marchandises et remontaient le fleuve Congo, de manière organisée soit à l'aide d'une seule pirogue pleine de marchandises, soit encore ils remontaient par bateau, alors, dans ce cas, il fallait faire faire un **Passavant** qui listait toutes les marchandises et payer le transport. Ce passavant était établi lorsque les marchandises sont exemptes de droits et circulent en franchise, exceptés les droits accessoires qui se superposent aux droits de douane, ce sont :

- Le droit de statistique (pour subvenir aux frais d'établissement des statistiques commerciales) ;
- Le droit de magasinage et de garde ;
- Le droit de timbre (sur les actes délivrés par la douane) ;
- La taxe de plombage (plombs apposés sur les colis ou les véhicules) ;
- La taxe pour le développement du commerce extérieur, etc.

C'est de cette façon qu'ils sont devenus de grands commerçants au même titre que les Blancs de la CFHBC ou de l'Alimaienne. Pour concurrencer le Blanc, ils avaient placé toutes leurs boutiques à Mobaka qui devenait un centre commercial. La boutique du colon étant placée dans la partie Nord appelée

« copayi » ou CFHBC (Compagnie Française du Haut et du Bas Congo) et où vivaient tous les travailleurs de cette entreprise.

Par sa position géographique, Mossaka constitue un grand carrefour de cinq voies navigables de plein exercice (la Sangha, la Likouala-aux-herbes, l'Oubangui, puis le Congo, la Likouala-Mossaka et l'Alima) ; toutes les eaux de ces cours d'eau viennent échouer sur Mossaka, formant ainsi un grand lac, ce qui explique les inondations continuelles dans la localité. Etant entouré d'eau de part et d'autre, et compte tenu de plusieurs potentialités tant politiques, culturelles qu'économiques (à cause de nombreuses richesses halieutiques agglutinées dans cette espèce d'entonnoir que forment ces rivières), Mossaka est davantage une ville d'avenir : c'est la Venise du Congo. De son pôle d'attraction, elle reçoit des ressortissants de la RDC, du Tchad, de la RCA, du Cameroun, du Rwanda et de la Mauritanie : c'est une ville cosmopolite. Toute cette communauté étrangère a pris d'assaut les quartiers Mobaka, Bokando et Babombo.

Des nouveaux quartiers sont nés : Libellè, Motèndi et Biangala. Ils seront occupés par des ressortissants de Mbandza et Sèngolo pour le premier ; les Batéké d'Alima, les Mbeti, et les Mbochi d'Ollombo pour les deux autres quartiers.

Jusqu'au moment où le Congo accède à l'indépendance (1960), il n'y avait pas encore d'école privée à Mossaka. Dans le paragraphe qui vient, nous parlerons très légèrement des événements qui ont amené le Congo à accéder à **l'Indépendance.**

d)-Les conflits entre M.S.A. et U.D.D.I.A

Les conflits entre le M.S.A. et l'U.D.D.I.A. poussent le Général De Gaulle à prononcer le discours qui permettra aux congolais d'aller au référendum.

Janvier 1958 : L'U.D.D.I.A. tient ses Assises à Dolisie. Les membres du M.S.A. attaquent ceux de l'U.D.D.I.A., provoquant ainsi une véritable émeute les 11, 12, et 13 janvier. Il y a des morts et de nombreux blessés.

Le 8 avril : A la suite d'une collision de voitures, le Député **U.D.D.I.A.** du Kouilou Dumond trouve la mort. Ses électeurs saccagent le village de Kakamoeka et la maison du fonctionnaire européen, Pfeiffer, responsable de l'accident.

Le 5 mai : Election d'un nouveau Président de l'Assemblée à Pointe-Noire, capitale du Moyen Congo. Le conseiller du M.S.A. de la Likouala-Mossaka, Itoua, se désiste pour l'U.D.D.I.A. ; colère pour les militants du M.S.A.

Le 6 juillet : Le succès de l'U.D.D.I.A. aux élections partielles le pousse à revendiquer la présidence du conseil du gouvernement (motion du 27 juillet).

Le 27 août : Discours du Général De Gaulle à Brazzaville

« ... Mais, même à l'intérieur de cette communauté si quelque territoire, au fur et à mesure des jours, se sent au bout d'un certain temps, que je ne précise pas, en mesure d'exercer toutes les charges, tous les devoirs de l'indépendance, eh bien, il lui appartient d'en décider par son Assemblée élue et si nécessaire par le Référendum de ses habitants ; après quoi, la communauté en prendra acte et un accord règlera les conditions du transfert entre ce territoire qui prendra son indépendance et suivra sa route et la communauté elle-même.

Je garantis d'avance que, dans ce cas, la métropole ne s'y opposera pas».

Le 28 septembre : Au Référendum institué par le Général De Gaulle, le Congo dit «OUI» à 79 % et entre dans la Communauté française.

Le 28 novembre : Proclamation à Pointe-Noire de la République du Congo.

Mais, au-delà du consensus sur cette proclamation, la tension reste vive entre le M.S.A. et du l'U.D.D.I.A. sur la définition de cette République.

Ndinga Jacques et Delihéli Henri Félix sont accusés d'avoir saboté la compagne électorale. On revient sur le cas du canton Mbochi dans la perspective du découpage communal. A cet effet, on propose la commune de la Ndéko-Alima avec chef-lieu à Boyoko-Biri.

Du 31 août au 1ᵉʳ septembre, le M.S.A. section locale de la S.F.I.O., tient son congrès constitutif. Opangault est élu Président. Première crise à la suite de la défection du Député

Yambot, élu sur la liste M.S.A. aux côtés de Kikoungha-Ngot dans le Niari. Il abandonne son groupe et rejoint l'U.D.D.I.A. ; le défend en déclarant qu'il a rallié l'U.D.D.I.A. plus par conviction politique que par vénalité.

A la suite de cette défection, l'U.D.D.I.A. devient majoritaire et exige aussitôt l'exercice du pouvoir. Menacé d'être mis en minorité par le nouveau parti majoritaire, le Vice-président Opangault et le Gouverneur socialiste Dériaud, alors chef du territoire du Moyen Congo, oublieront pendant longtemps de convoquer l'Assemblée, ce qui fera monter la tension dans le pays.

Enfin, l'Assemblée est convoquée, tous les Députés sont présents, y compris le transfuge Georges Yambot qui vit dans la crainte d'une vengeance du M.S.A. Dans l'après-midi, les événements se précipitent : des gens hostiles à l'U.D.D.A. encerclent l'Assemblée. A l'intérieur des Députés s'invectivent, la séance devient tumultueuse, puis une bagarre éclate entre eux.

Alors, les adeptes d'Opangault provoquèrent une rixe monstre au Parlement. Bien qu'on ait réussi à rétablir l'ordre avec l'aide de l'armée et de la gendarmerie, les Députés du M.S.A. se refusèrent à discuter des propositions de Youlou et quittèrent la séance. Restés sans opposition, les 23 Députés du Parti de Youlou éliront leur chef Premier Ministre et adoptèrent une résolution sur le transfert de la capitale de Pointe-Noire à Brazzaville.

Après la séance, les Députés et leurs familles quittèrent Pointe-Noire ; le même jour des troubles éclatèrent dans la ville, et se soldèrent par 4 morts et 16 blessés. Le calme revenu, Youlou et Tchitchelle quittent Pointe-Noire. Leur entrée à Brazzaville le dimanche 30 novembre donne lieu à des manifestations populaires dans les quartiers africains de la capitale congolaise.

Le 8 décembre Youlou constitue son premier Ministère où il réussit à faire entrer deux Députés du M.S.A., Fourvelle et le Français Kerhervé.

Ce n'est qu'à la proclamation de l'indépendance du Congo le 15 Août 1960 que Jacques Opangault sera nommé Vice-président du Conseil et Ministre d'Etat. Voici sa première déclaration :

<< Ne vous méprenez pas sur mes intentions, l'indépendance est un bien commun, on n'a pas le droit de refuser la liberté. Mais il faut que cette indépendance soit obtenue dans l'amitié sans rien renier de nos attachements et en conservant l'aide et l'estime de ceux qui nous aideront et qui continueront à nous aider. En dehors de notre position démocratique et constructive, nous avons tous, face aux grandes tâches nationales, un seul drapeau, une devise, un seul but : le Congo>>.

Voici la composition du Gouvernement de la République du Congo tel que présenté par le Vice-président Stéphane Tchitchelle.

- Président de la République, Chef du Gouvernement, Défense nationale : Abbé Fulbert Youlou ;
- Vice-président de la République, Affaires Etrangères : Stéphane Tchitchelle ;
- Intérieur, Justice, Garde des Sceaux : Dominique Nzalakanda ;
- Travaux Publics : Jacques Opangault ;
- Information : Apollinaire Bazinga ;
- Finances et Budget : Pierre Goura ;
- Affaires Economiques et Commerce : Simon Pierre Kikoungha-Ngot ;
- Fonction Publique : Victor Sathoud ;
- Plan et Equipement : Alphonse Massamba-Débat
- Education Nationale, Jeunesse et Sports : Prosper Gandzion ;
- Délégué à la Présidence, A.T.E.C. et Office du Kouilou : Germain Bikoumat ;
- Production Industrielle, Mines et Télécom (chargé de l'Aviation Civile et commerciale) : Isaac Ibouanga ;
- Agriculture, Elevage, Eaux et Forêts : Germain Samba ;
- Travail, Prévoyance Sociale : Faustin Okomba ;

- Secrétaire d'Etat à la Construction et à l'Urbanisme : Michel Kibangou ;
- Secrétaire d'Etat à la santé Publique : René Kinzounza.

Assemblée nationale

- Président : Marcel Ibalico ;
- Vice-présidents : Mathurin Menga et François kimbouala

Cour Suprême

- Président : Joseph Pouabou;

Procureur général près de la cour Suprême : Mathieu.

Abbé Fulbert Youlou
Premier Président de la République du Congo

e) Arrêté no 568 du 2 mai 1958

Au niveau du corps des Infirmiers et Agents d'Hygiène brevetés stagiaires du Cadre Local de la Santé Publique du Moyen Congo, le Chef du territoire du Moyen Congo, officier de la légion d'Honneur, avait procédé par Arrêté n°568 du 2 mai 1958, aux affectations suivantes :

Infirmiers brevetés stagiaires

- ONDZOTTO Jean-Michel, en service au secteur n°7 de Makoua
- OGNIE Gabriel, en service au secteur n°7 de Makoua
- GNEKOUMOU Louis, en service au secteur n°7 de Makoua
- KIKOUAMA Jean-Omer, en service au secteur n°2 de Dolisie
- BAKOULA Pierre, en service au secteur n°2 de Dolisie ;
- SINGHA Simon, en service région sanitaire Likouala-Mossaka ;
- BOUMADOUKI Gilbert, en service région sanitaire Likouala-Mossaka ;
- OTABO Michel, en service région sanitaire Likouala-Mossaka;
- GOLATSIE Dominique, en service région sanitaire du Niari ;

- OTSENGUET André, en service centre Médical de Mossaka.

Agents d'Hygiène Brevetés Stagiaires

- PEMBA Samuel, service d'Hygiène de Brazzaville ;
- IKONGA Ernest, en service à la région sanitaire du Niari ;

Les intéressés sont affectés à Pointe-Noire en vue d'effectuer un stage de formation professionnelle d'une année.

f) Mouvement du personnel enseignant

Article 1er : Les personnels dont les noms suivent sont engagés en qualité de moniteurs auxiliaires pour servir dans la préfecture de la Likouala-Mossaka pendant la durée de l'année scolaire 1959-1960 conformément au tableau ci-après :

Noms et Prénoms	Lieu d'affectation	Date de prise de service	Diplôme obtenu	Salaire mensuel
YAKA Gabriel	E.R. Fort-Rousset	25-11-59	C.E.P.E	10.000 Frs
NGOBALE Samuel	Kouyoungandza	25-11-59	N.3eme	10.000 Frs
OKANAAndré	Fort-Rousset	25-11-59	C.E.P.E	10.000 Frs
NGAKOSSO Daniel	Mossaka	25-11-59	C.E.P.E	10.000 Frs
MIKOMBE Thérèse	Mossaka	25-11-59	C.E.P.E	10.000 Frs
OLINGOU Jean Michel	Mossaka	25-11-59	C.E.P.E	10.000 Frs
OKOKO Mathieu	Ikémou-Makoua	25-11-59	C.E.P.E	10.000 Frs
OKOKO Otsoura F	Niétéboumba	25-11-59	C.E.P.E	10.000 Frs
MASSALA Pascal	Kellé	25-11-59	C.E.P.E	10.000 Frs
GAMOUNA François	Itoumbi	25-11-59	C.E.P.E	10.000 Frs
ANDA Victor	Ewo	25-11-59	C.E.P.E	10.000 Frs
OKASSA Daniel	Okélataka	25-11-59	C.E.P.E	10.000 Frs
MONGO Robert	Okoyo	25-11-59	C.E.P.E	10.000 Frs
ONGONDY Camille	Kami (Boundji)	25-11-59	C.E.P.E	10.000 Frs
ONDZOUANI Jean	Okouéssé Boundji	25-11-59	C.E.P.E	10.000 Frs
LEKOMBA J. Albert	Bandza (Boundji)	27-11-59	C.E.P.E	10.000 Frs
GOSSIA Albert	Oka (Ewo)	27-11-59	C.E.P.E	10.000 Frs
GUETIN Ferdinand	Loukoléla Mossaka	30-11-59	C.E.P.E	10.000 Frs
OSSOUMBA Victor	Ikémou-Makoua	09-12-59	C.E.P.E	10.000 Frs
LOUKONDO Pierre	Mossaka	11-12-59	C.E.P.E	10.000 Frs
OWONDO Simon	Lokakoua FtRousse	11-12-59	C.E.P.E	10.000 Frs
ITOUA Tiburce	Makoua	18-12-59	C.E.P.E	10.000 Frs
ITOUA Marie-Hélène	Fort-Rousset	04-01-60	C.E.P.E	10.000 Frs
LESSOUA Pierre	Boundji	04-01-60	C.E.P.E	10.000 Frs
LEBACKY Antoine	Okoyo (Ewo)	04-01-60	C.E.P.E	10.000 Frs
OBAMBI Victorien	Okondza-Boundji	03-01-60	C.E.P.E	10.000 Frs
OKOKO Dieudonné	Mbandza (Kellé)	03-01-60	C.E.P.E	10.000 Frs
DIMI Cyrille	Liboka Ft-Rousset	05-01-60	C.E.P.E	10.000 Frs
ETOKABEKA Daniel	Bohoulou Mossaka	05-01-60	C.E.P.E	10.000 Frs
TSINI Christian	Ibiki Fort Rousset Mondzeli	05-01-60	C.E.P.E	10.000 Frs
IBARA Jean-Baptiste	FtRousset	05-01-60	C.E.P.E	10.000 Frs
OKEMBA Thérèse	Fort-Rousset Mondzeli	15-01-60	C.E.P.E	10.000 Frs
NDZAMBILA André	FtRousset	27-01-60	C.E.P.E	10.000 Frs
OKOMBI Louise	Fort-Rousset	27-01-60	C.E.P.E	10.000 Frs
IBEMBI Jean-Fédéric	Kouyoungandza	27-01-60	C.E.P.E	10.000 Frs
MOKOBE Bernard	Likouala-Mossaka	27-01-60	C.E.P.E	10.000 Frs
AOUE Philippe	Likouala-Mossaka	27-01-60	C.E.P.E	10.000 Frs
IBATA Casimir	Likouala-Mossaka	27-01-60	C.E.P.E	10.000 Frs

g) Arrêté n° 1976 décembre 1960 portant création du permier CEPE de l'Indépendance

Arrêté no 1976/EN/IA du 5 décembre 1960 du Ministre de l'Education Nationale présentant l'état des candidats admis au Certificat d'Etudes Primaires Élémentaires à la session du 15 juin 1960, signé du Ministre Prosper Gandzion, Ministre de l'Education Nationale, de la Jeunesse et des Sports.

A l'école préfectorale de Mossaka, Ndoumou Placide succédera à Mackoubily Marie Alphonse comme directeur. Pour le tout **premier CEPE de l'indépendance**, le Ministre de l'Education Nationale, Prosper Gandzion, va signer un décret proclamant 43 admis pour le centre de Mossaka. Voici les noms des heureux récipiendaires :

Joseph BIKEKA
André BOKIBA
François BOTAYEKE
Victor BOYIKA
Isidore DONGABEKA
Maurice EHOUNDA
Gaston ELENGA
Antoine ESSANDZO
André EYONGO
Lucienne KAMANY
Françoise KAMANY
Emmanuel KOUMBA
Félix LONGANGUI
Robert LOTOTI

Elise MAKASSOU

David MAMADOU

Antoine MAMBOULA

Angélique MBONGO

Alphonse MBOUMA

Alphonse MENGA

Monique MOMBOTI

Gabriel MOKELE

Jean Michel MOKOKO

Patrice MOKOKO

Maxime MOKOMO

Daniel MOKONGOTSETOU

Marcel MOKOULABEKA

Albert MOLEKI

Pascal MONDOUJI

Félix MONGOKO

Jean MOUALI

Camille MOYIBA

Charles NGAKOSSO

François NGANONGO

Jean François NGOKOUBA

Dominique NGUELESSA

Raphael NZELEKE

Flavien OGNANGUE

François OKOUO

Germaine ONDOUMA

Monique ONGUELE

Albert OTINA

Jean Pierre NINABEKA

Cependant, il convient de signaler que toute la région de la Likouala-Mossaka avait donné cette année-là 240 admis au C.P.P.E.

Le centre de Boundji avait donné 37 admis

Le centre d'Ewo avait donné 47 admis

Le centre de Fort Rousset avait donné 47 admis

Le centre de Makoua avait donné 66 admis.

Un an après l'**indépendance**, les missionnaires vont décider de créer le collège de Mossaka qui aura pour Directeur le père Daniel Lejeune qui sera suppléé par Emmanuel Konda. Les premiers élèves qui composent cet établissement sont :

Roger-Patrice Mokoko

Alphonse Ekouya

Jean Moali

Gabriel Bokoumaka

Raphael Essandzabéka

Casimir Molongo

Guillaume Sékangué

Abraham Ebé

Dieudonné Mouabi

Isidore Angamaka

Madeleine Botata

Madeleine Ngokouba

Acacia Zeus Mbongo

Philippe Ngakosso

Fidele Ngatsono

André Ngourou

François Nguinda Kossi

Raphael Dzeleke

Jacques Mbala

Pascal Mbaka

François Botayeke

Mbengui....

Puis, c'est seulement en 1962 que l'école primaire catholique de Mossaka va être créée. Antoine Bandenga en sera le Directeur. Tout fonctionnait normalement. Un événement historique va naître : **l'autonomie du district de Mossaka.**

h) De la transformation de la Sous-préfecture de Mossaka en Préfecture

En 1963, le Conseil du District de Mossaka va se réunir sous l'impulsion de Menga Mathurin, alors Conseiller Territorial, Député au Conseil de l'AEF et Membre du Bureau Politique du M.S.A., assisté du Syndicaliste Pongault Gilbert, qui se trouvait en vacances, ainsi que les Conseillers de District Honoré Bokilo, Patrice Mokoko et André Mohondiabeka sans oublier les chefs de Cantons et de quartiers, tous seront unanimes de réclamer auprès du Gouvernement que dirigeait l'Abbé Fulbert Youlou, l'autonomie du District de Mossaka. Car, la population de Mossaka, depuis très longtemps, était victime d'injustices du chef-lieu : que ce soit le budget qui pourtant voté par l'Etat, que ce soit la répartition du personnel affecté, que ce soient les produits pharmaceutiques, etc. le tout devait toujours passer par Fort-Rousset, qui est chef-lieu de Région. Pour 90% de cas,

Mossaka fut toujours oublié. Aucune redistribution ne lui revenait normalement ; ce qui pouvait arriver était envoyé avec un retard considérable de plus de six mois. S'il s'agissait des produits pharmaceutiques ceux-ci arrivaient à Mossaka déjà périmés.

Finalement, le Gouvernement va décider par décret no 63-8 du 12/1/ 1963 qui portera transformation de **la Sous-préfecture autonome de Mossaka en Préfecture**. Ce décret en trois articles avait pris effet pour compter du 1er janvier 1963, et signé par le Président de la République l'Abbé Fulbert Youlou le 12 janvier 1963, est présenté en annexes. Le texte intégral du décret sera lu et commenté aux populations de Mossaka par le Ministre de l'Intérieur, de la Justice et Garde des Sceaux Dominique Nzalakanda.

i) De la Nationalisation de l'enseignement au Congo

Le Congo va faire sa révolution les 13, 14 et 15 août 1963, trois journées appelées « les Trois glorieuses ». Ce changement politique, qui coïncide malheureusement avec la création de la Préfecture autonome de Mossaka, donnera naissance au mouvement national de la révolution, en cigle le MNR.

La nouvelle option politique, le socialisme scientifique, n'était plus favorable à l'enseignement privé, longtemps soutenu par les missionnaires. Alors qu'en 1964, l'Assemblée Nationale et le Conseil Supérieur de l'enseignement avaient abordé le problème de la nationalisation de l'enseignement qui n'avait trouvé de solution aussitôt. La même année, plus précisément le 24 novembre 1964, les maîtres de l'enseignement catholique sollicitaient la nationalisation immédiate de l'enseignement et le rapatriement de quelques prêtres responsables de cet enseignement.

Quelques mois plus tard (le 12 /8/1965), et après de nombreuses doléances, **la loi 32/65 relative à la nationalisation de l'enseignement au Congo fut promulguée.**

C'est la prise en charge totale par l'État de tout l'enseignement : personnels, élèves, finances et bâtiments scolaires. Cependant, cette nationalisation n'a pas exclu l'existence des écoles privées sur le Territoire, car la suppression de celles-ci serait contre l'article 12 de la constitution du 8 décembre 1963. On comptait à l'époque trois ordres d'écoles privées :

Écoles religieuses pour la formation des serviteurs de l'Église (prêtres, religieuses, pasteurs) ;

Écoles privées appartenant aux étrangers qui doivent donner un enseignement uniquement aux enfants étrangers et non aux congolais ;

Cours pour la promotion du travail organisé par les entreprises privées pour le besoin en main-d'œuvre qualifiée. Mais, elles ne reçoivent aucun subside de l'État.

Cette constitution stipulait le maintien dans leur intégralité les droits des enseignants : « à tous les enseignants de parler le même langage ». Par contre, quelques enseignants, parents et élèves boudaient la nationalisation de l'enseignement et la considéraient comme un désordre dans le système éducatif du pays. Ce manque de conviction mettait également un frein aux intentions prévues par la loi 32/65, par exemple : «Assurer le plein développement des aptitudes intellectuelles, artistiques, morales et physiques, ainsi que la formation civique et professionnelle de l'enfant et établir le respect de toutes les doctrines philosophiques et religieuses... Est-ce que c'était le moment propice pour demander cette nationalisation de l'enseignement au Congo ? Le Gouvernement congolais était-il en mesure de maîtriser le personnel, les élèves, bâtiments, programmes issus de ces différents systèmes éducatifs ? Dans notre prochain ouvrage nous aurons des éléments de réponses à ces questions épineuses sur la nationalisation de l'enseignement au Congo.

j) De la recherche sur les quatre premières filles ayant été à l'école en 1922 à Mossaka

Nous avons fait une recherche pour connaître les quatre premières filles qui avaient fréquenté l'école primaire de Mossaka en 1922, pendant que dans toute la région de la Likouala-Mossaka, il n'y avait que 120 élèves : 71 à Fort-Rousset, tous des garçons, 25 à Makoua, tous des garçons et 24 à

Mossaka dont 4 filles. Mossaka fut donc le premier district dans la région à avoir envoyé pour la toute première fois les filles à l'école.

Nous avons regardé les monographies servant de recensement de la population du district de Mossaka au cours des années 1938, 1944 et 19952 ; puis, nous nous sommes intéressés de regarder les noms de toutes les femmes qui sont nées entre 1900 et 1915. Ce qui représente les âges compris entre 7 ans et 22 ans. Avec l'hypothèse, qu'une fille de cette époque ne pouvait être à l'école qu'à partir de 8-10 ans ou plus ; ce qui exclu les enfants de moins de 8 ans (car à cette époque, et à cet âge, surtout pour les filles, une maman ne pouvait pas lâcher son enfant pour aller à l'école). Donc, les filles de moins de huit ans ne venaient pas encore à l'école et étaient considérées comme trop petites, par conséquent trop fragiles.

Dans cette portion d'âge, nous avons relevé sept (7) filles. Puis, nous avons tenu compte de celles qui devaient aller en mariage de façon précoce, c'est-à-dire à partir de 14-15 ans et plus. Là également, nous avons relevé onze (11) filles. À la fin, nous nous sommes retrouvés avec un échantillon de treize (13) filles sur une population de trente-et-une (31) filles recensées, plus la possibilité de regarder auprès des familles concernées celles qui pouvaient être prises en mariage et qui ne l'étaient pas.

Nous présentons ci-après les noms des filles de toute la population :

- Gnongo, sujette de Momboti à Bohoulou, avait environ 20 ans ;
- Lingombo Emilienne, fille de Panga et de Mokongolonga, vers 1916, 6 ans ;
- Loto Marguerite, fille de Lossombo et de Boyessa, vers 1905, 17 ans ;
- Mbanga Denise, fille de Yèkèlè et d'Ekondza, vers 1914, 8ans ;
- Molingou Hélène, fille de Lobambola et de Soniengolo, vers 1912, 10 ans ;
- Bikima Marie, fille de Liwata et Botsatsi, vers 1902, 20 ans
- Tomanet Cécile, fille de Tomanet (administration colon) vers 1910, 12 ans ;
- Elikalabé, fille de Bossolo et de Boloko, vers 1905, 17 ans
- Motoli, fille d'Ewoboyi et d'Embounou, vers 1910, 12 ans
- Gnanga Anne, fille de Ngambomi et de koumou, 1916, 6 ans
- Etsatsabéka Albertine, fille de Mokégnabeka et de Moloko, vers 1905, 17 ans ;
- Bobila Pauline, fille de Yangamo et de Bakalé, vers 1902, 20 ans ;
- Eboma Henriette, vers 1914, 8ans, fille de Bokamba et de Cécile Apendza Abika
- Mouéta Louise, fille de Mondoki et de Moloko vers 1908, 14 ans
- Longonda Jeanne, fille de Monianga et Lobongo, vers 1012, 10 ans ;

- Bomongo Jeanne, fille de Londouma et Mobouanga, vers 1916, 6ans ;
- Miongongo Martine, fille de Lobékomba et Liyenge, vers 1914, 8ans
- Touki Albertine, fille de Mobenza et de Monguili, vers 1912, 10 ans ;
- Maléka Marguerite, fille d'Edzessa et de Mabonga, 1910, 12 ans
- Bakalé, fille d'Eboto et Ngala, vers 1908 à Bokola, 14 ans ;
- Etebo, fille d'Edjoko et d'Eyengo, vers 1911 à Boka, 11 ans ;
- Nzelabeka, fille de Bwamba et de Mouabèkè, vers 1910 à Lipounou, 12 ans ;
- Engouèlè Véronique, fille d'Elota et de Ngombo, vers 1914, 8 ans ;
- Molingo Georgine, fille de Molingo et Botsala, vers 1906, 16 ans ;
- Tsono Angélique, fille de Bobenda et de Botsala, vers 1915, 7 ans ;
- Batalonga Agathe, fille de Moanga et Ngala, 1915, 7 ans ;
- Bongombé Agathe, fille de Mbondaka et d'Etsèlè, 1908, 14 ans ;
- Miyongo Cécile, fille de Massandza et d'Ongondo, vers 1909, 13 ans ;
- Lihoungabeka Joséphine, fille d'Essandzabeka et de Nganda, vers 1907, 12 ans ;
- Massolo Firmine, fille de Moboulou et Moyikoua vers 1915, 7 ans ;

- Omani Louise, fille d'Ikamba et de Yele, vers 1915, 7 ans.

Apres cette présentation de la population à l'étude, nous retirons de la liste, celles qui ont au moins de 8 ans. Il s'agit de :

1- Lingombo Emilienne (6 ans),
2- Gnanga Anne (6 ans),
3- Bomongo Jeanne (6 ans),
4- Tsono Angélique (7 ans),
5- Massolo Firmine 7 ans),
6- Omani Louise (7 ans),
7- Batalonga Agathe (7 ans),

Sur les 24 qui restent, nous enlevons celles qui ont l'âge d'aller en mariage. Il s'agit de :

1- Loto Marguerite (17 ans),
2- Bikima Marie (20 ans)
3- Molingo Georgine (16 ans)
4- Lihoungabeka Joséphine (16 ans),
5- Mouéta Louise (14 ans)
6- Bakalé (14 ans)
7- Bongombe Agathe (14 ans),
8- Gnongo (20 ans),
9- Elikalabé (17 ans)
10- Etsatsabeka Albertine (17 ans),
11- Bobila Pauline (20 ans).

Nous avons finalement retiré de notre population, 18 filles. Il en reste 13 qui vont constituer l'échantillon d'une enquête approfondie auprès des familles concernées. Il s'agit de :

1- Mbanga Denise (8 ans),
2- Molingo Hélène (10 ans),
3- Motali (12 ans)
4- Eboma Henriette (8 ans),
5- Longonda Jeanne (10 ans)
6- Miongongo Martine (8 ans)
7- Tomanet Cécile (12 ans)
8- Touki Albertine (10 ans)
9- Maleka Marguerite (12 ans)
10- Etébo (11 ans)
11- Engouélé Véronique (8ans)
12- Miyongo Cécile (13 ans)
13- Nzélabeka (12 ans).

Au cours de nos investigations, il ressort que :

Mbanga Denise a 8 ans ; c'est Madame Bokowo Camille, lui-même né en 1909, ce dernier l'avait rencontrée au village vers la fin de la guerre, et non à Mossaka. Ses parents témoignent que cette fille n'a jamais été à l'école. Elle est allée très tôt en mariage (entre 13-14 ans) et avec son conjoint, ils vivaient des produits de pêche et de cueillette. De même pour **Molingou Hélène**, 10 ans ; elle était restée à Sèngolo avec sa mère ayant perdu son père très tôt.

Quant à **Motoli**, à 12 ans, elle venait de perdre son père et sa mère ; elle vivait avec sa tante à Lokakoua. D'où elle n'a jamais été à l'école.

Longonda Jeanne, 10 ans, et **Miongongo Martine**, 8 ans, leurs parents sont restés avec elles dans leur village à Mbandza pour craindre la guerre.

Etebo, 11 ans, n'a jamais mis pieds à Mossaka ; elle est restée avec ses parents à Boka. Tout comme **Engouélé Véronique**, 8 ans, est restée à Litombi, en famille.

Quant à **Nzélabeka** et **Miyongo Cécile**, respectivement 12 ans et 13 ans, elles ont vécu tout le temps l'une à Lipounou et l'autre à Bokouélé auprès de leur famille respective. Elles ne sont jamais venues à Mossaka.

Maléka Marguerite a 12 ans. Elle est née à Mossaka. Sa mère Mabonga est restée veuve, pendant que Marguerite avait encore 6 ans, au moment où on créa la première école de Mossaka en 1916. A ce moment là, on trouvait que l'enfant était encore trop jeune pour aller à l'école surtout qu'elle venait de perdre son père, personne donc ne pouvait avoir le regard sur elle. C'est ainsi qu'elle a grandi jusqu'à l'âge de 12 ans sans aller à l'école. On l'appelait même "madame célibataire". Pour l'envoyer à l'école, on lui disait : « toi la célibataire là, vas à l'école ».

Le sort de **Touki Albertine**, 10 ans, est tout à fait autrement : elle était traitée de fille sans père. Alors que son père est un natif de Ndollé. Mais, comme il n'avait pas épousé la femme, les parents maternels lui refusèrent l'enfant. C'est ainsi que Touki Albertine vivait avec ses parents, tantôt à Boyoko-Biri, tantôt à Bouègni où sa maman était cette fois en mariage. Elle se plaisait de rester surtout auprès de ses tantes maternelles. Après que sa mère ait fait une bonne partie de pêche dans l'axe Likouala, elle l'accompagnait pour la vente à Mossaka. De manière volontaire, elle décida de ne plus repartir au village. Une tante va la récupérer et c'est de cette manière qu'elle a été inscrite à l'école à Mossaka. Mais elle, n'y fera pas plus d'une semaine...

Pour sa part, **Eboma Henriette**, 8 ans, a eu la chance d'être née à Mossaka, au moment où les recouvrements d'impôt se faisaient de manière brutale à l'intérieur du pays et en même temps c'était lors de la prise de Bonga. Tout le monde avait fui en brousse ; sa maman qui voulait s'en fuir vers Botando, se trouva à terme à Mossaka. Elle y séjourna jusqu'après la guerre. Comme on cherchait des enfants pour aller à l'école, l'interprète Modzou Nicolas, en même temps Chef de Terre autonome de Bonga, qui venait d'arriver à Mossaka pour déposer auprès de l'administrateur Picard, chef de poste de Mossaka, l'impôt de capitulation de sa population, a pris Eboma et l'a présentée à l'école pour la première fois. Mais, elle n'y restera pas longtemps, lorsque, appelée par un oncle à Brazzaville, cette dernière sera placée dans une école de cuisine qui la prépara à la vie.

Le cas de **Tomanet Cécile**, 12 ans, est très différent des autres : car, son père fut Administrateur-adjoint des colonies, basé à Makoua. C'est au cours d'une tournée à Mossaka que ce dernier fit connaissance de sa mère. Etant à Makoua, il va apprendre que sa concubine avait accouché d'une fille et que les parents avaient préféré la déclarer en son nom. L'administrateur Tomanet, très préoccupé par les problèmes de la guerre et d'autres contraintes administratives, n'eut pas le temps matériel nécessaire pour s'occuper de l'enfant, surtout de sa scolarité. La petite Cécile commencera alors ses études avec beaucoup de retard (par rapport à l'âge requis des enfants européens à commencer l'école).

Des onze (11) filles dont l'âge sillonne entre 14 et 20 ans, nous avons interrogé leurs familles pour en savoir plus, elles étaient toutes presque mariées. Trois d'entre-elles comprenaient français, sans avoir été à l'école. C'est le cas de **Moueta Louise**, qui comprenait tout ce que l'on disait mais ne savait pas répondre, son petit fils me l'a confirmé à Brazzaville. **Loto Marguerite** qui est Madame Bangohina Michel (né en 1898), vit encore ; je l'ai interrogée moi-même. Le souvenir est très lointain : elle a 106 ans maintenant et ne se rappelle de rien. J'ai essayé de parler avec elle en français ; tout ce qu'elle sait, c'est « oui », « non » ; à bonjour, elle a ri. **Gnongo** par contre, on l'appelait même Madame Guinée. Ses amants étaient des blancs. Elle fut sujette de Momboti à Bohoulou.

Des quatre filles retenues, à savoir : **Maléka Marguerite, Touki Albertine, Eboma Henriette** et **Tomanet Cécile**, les deux dernières citées ont parlé français jusqu'à leur mort. Eboma est morte à Brazzaville, Tomanet aussi (mais après un long séjour passée à Libreville et en France). Maleka est morte à Mossaka, Touki Albertine est morte à Brazzaville ; ses parents venaient de construire sa tombe en février 2011.

Après ce bref travail que nous venons de réaliser sur la découverte faite par de Brazza et ses compagnons de Mossaka, nous nous proposons d'esquisser une conclusion dans les pages qui suivent, tout en vous disant que nous n'apportons pas beaucoup dans ce que vous savez déjà. L'ouvrage intéressera surtout les populations de Mossaka tout particulièrement pour la préparation du centenaire de leur district le 24 décembre 2012.

CONCLUSION GENERALE

Bien avant l'arrivée des blancs, il a existé la croisade des grandes caravanes qui descendaient de la côte pendant la saison sèche faire du commerce aves les Balali. Ceci a été confirmé non pas seulement par de Brazza dans son rapport politique de 1887 qui précise que «C'est la route suivie par les caravanes d'esclaves se rendant à la côte», mais aussi par Dusselje (1907) qui en confirmait l'existence. Si bien que les Batéké savaient d'où provenaient de la poudre, du sel, des fusils qu'ils achetaient aux Balali. En échange, ces caravanes ramenaient du caoutchouc, de l'ivoire, des amandes et bien sûr des esclaves, contre des marchandises achetées dans les comptoirs de la côte.

Cette piste, sans doute, suivait la vallée de la Lékéty, en passant au pied du plateau Batéké. Les missionnaires de Lékéty confirmèrent en 1898 que les Batéké de l'Alima étaient en relation commerciales avec les « Akouya». Il est donc possible que cette piste ait comporté, dans sa partie supérieure, d'une bretelle permettant de joindre la vallée du haut-Ogooué. Ce qui paraît certain, par contre, c'est qu'elle se prolongeait à partir d'Okoyo, dans deux directions : Vers le Nord (la piste où l'on va chercher du sel) ; et vers le Nord-est, un chemin indigène menant au pays Kouyou (hormis les ivoires, c'est le chemin que suivaient les esclaves Kouyou dirigés vers la haute Alima). Il en va tout autrement des différentes voies fluviales qui le traversent d'Est en Ouest (et qui vont être utilisées de manière courante dans la deuxième moitié du XIXème siècle.

Lorsqu'on évoque les échanges commerciaux sur la voie fluviale, on voit plus les convois des pirogues sur l'Alima ; Courboin en poste à Tongo, voyait passer dix, vingt, jusqu'à soixante pirogues qui remontaient la rivière. « Parfois dans une même pirogue sont entassés pêle-mêle, femmes, enfants, esclaves et chiens ; les poissons secs, les poteries, les étoffes et le laiton sont cachés sous les nattes ; au-dessus les armes, les couteaux, les lances pour la chasse, la pêche et les fétiches pour la pluie, disait-il. Mais, si les Likouba avaient réussi à se créer un quasi-monopole sur l'Alima et la Mpama, il n'en était pas de même pour la Likouala-Mossaka et la Sangha. Le trafic sur cette dernière rivière était contrôlé par les habitants de Bonga qui s'étaient installés précisément au confluent de la Sangha et du Congo.

Quant au commerce sur la Likouala et sur le Kouyou, il était aux mains d'une population particulièrement apte à jouer le rôle d'intermédiaire, et qui avait le même titre que les Likouala et les Bobangi. Le centre de Loboko, au confluent de la Likouala et du kouyou, en est la meilleure preuve. On retrouve chez les Likouala une organisation comparable à celle des Likouba : des convois périodiques (ou molouka) comptant jusqu'à trente pirogues étaient organisés par les habitants des villages dépendant des chefs de Yengo et de Loboko. Ils remontaient jusqu'à la hauteur d'Onzeli ; c'est dans les campements installés au bord du Kouyou que se pratiquaient les échanges.

Les Likouba installés en amont de Loboko (villages de Botouali, Bokanda, et Libouna) organisaient leurs propres convois dans la Haute-Likouala et dans la Mambili. Ce sont eux les fameux « Anghiés » dont de Brazza entendit parler lorsqu'il traversa la Licona en 1878.

Le trafic sur les différentes rivières de la Cuvette, qu'il s'agisse de l'Alima, de la Likouala, du Kouyou et de la Sangha, avait ceci de caractéristique, c'est qu'il était rendu indispensable pour les populations en aval, par la nécessité dans laquelle elles se trouvaient de s'approvisionner en manioc, denrée qui n'était produite qu'en quantité insuffisante sur les rares terres émergées de la zone de l'eau.

En sens inverse, les échanges lointains procuraient aux gens des lagunes toutes sortes de produits et d'objets qui intervenaient à leur tour dans les transactions. C'est donc le manioc qui constituait l'élément essentiel des chargements à la descente. Brazza a décrit en détail, dans son rapport de 1879, comment étaient confectionnés les paniers de manioc, comment les pirogues étaient chargées presque à ras bord, et que deux hommes seulement, l'un à l'avant, l'autre à l'arrière, conduisaient sur l'Alima. Il est même difficile d'évaluer les quantités de manioc qu'ils transportaient : c'est des tonnes et des tonnes ; quarante tonnes par jour environ, pendant les mois de saison sèche, entre avril et septembre (Froment).

Après le manioc, le principal article d'exportation était l'ivoire dont Jacques de Brazza a rapporté qu'il en existait en quantité incroyable au bord de la Likouala. Courboin de son côté nous apprend que les Batéké de la haute-Alima fournissaient aux Apfourou du Tabac en rouleau en quantité appréciable et Dusselje nous indique que les caravanes Balali leur achetaient du caoutchouc. Le sel noir de la Lékoli était aussi exporté. Ils échangeaient également des poteries, des filets, du sel blanc, de l'huile de palme – l'huile de bambou plus claire était aussi très appréciée des gens d'amont, les femmes Kouyou en particulier en raffolaient pour leur toilette – des articles en fer ou en cuivre (Sagaies, couteaux, bracelets) fabriqués dans les forges des bords du Congo. Les hommes de l'eau en faisaient l'acquisition en les échangeant, le plus souvent, contre celles qu'ils avaient chargées à bord de leurs pirogues pour effectuer la montée. Voilà pour les marchandises qui descendaient le cours des rivières.

Certains commerçants se contentaient d'un trafic réduit ne donnant lieu ni à la formation des caravanes terrestres, ni de convois fluviaux. Ponel, ancien chef de poste de Pombo avait compté dans la basse-Alima, trois marchés au bord de la rivière : le marché de Tongo, d'Ekongo et celui de Boniala. Ces marchés avaient lieu quatre fois par semaine, les jours appelés : Oboua, Okia, Okondzo et Tsono. Chez les Makoua, les noms des jours de marché étaient, à quelque chose près, les mêmes : Etoko, Okondzo, Okia et Tsono.

Nous connaissons les prix de quelques marchandises tels qu'ils se pratiquaient en 1885 sur les bords du Congo et dans la Basse-Alima, c'est-à-dire à Nkonda et à Pombo. Pour deux barrettes on avait ici comme là, une poule, un régime de bananes, une natte, un panier de manioc. Une brasse d'étoffe de couleur, valait huit barrettes dans les lagunes, mais pour une indienne dite « Négresse » (on voit que la mode des noms donnés aux pagnes ne date pas d'aujourd'hui), il fallait en payer douze.

De tout cela, nous pouvons dire que les motivations politiques des explorateurs n'étaient pas seulement le fait de regarder au-delà des mers, mais aussi de mettre un peu d'ordre dans la compétition : ce fut l'objet de la conférence qui se déroula à Berlin en 1885, dans le prolongement d'une autre rencontre internationale à caractère scientifique organisée à Bruxelles par le roi des Belges neuf ans plus tôt. Tout le monde sait que Berlin ne fut pas le lieu de partage de l'Afrique, mais celui de la définition des règles de jeu. Les représentants des 14 nations arrivées à la conférence se mirent d'accord en particulier sur les deux points suivants :

-Assurer aux ressortissants des Etats signataires la liberté de commerce et légalité de traitement à l'intérieur de l'Afrique ;

-Régler à l'amiable les problèmes qui pourraient surgir à la suite de la course au clocher déjà engagée (expression significativement européo-centrique) qu'on pourrait avanta-geusement remplacer par celle de "course au drapeau".

En effet, il s'agissait pour les pays européens de planter le plus grand nombre possible d'emblèmes nationaux et de notifier aux autres les secteurs où ils l'avaient fait. C'est donc essentiellement pour des motifs politiques que géopolitiques que l'occident s'est répandu à travers le monde : que cette course au drapeau soit devenue après-coup une course aux marchés d'exportation de la part des pays européens, de plus en plus engagés dans la compétition économique ouverte par le développement industriel de la fin du XIXème siècle, notamment la France, l'Angleterre, l'Allemagne, la Belgique et le Portugal.

La rencontre du colonisateur et du colonisé a été très pénible, un véritable choc. Froment en 1885, disait : « je me rappellerai toujours l'émotion et le tremblement nerveux des chefs de Bonga lorsque, pour la première fois, ils virent de Brazza, ce Commandant si Puissant dont la réputation s'étendait si loin et dont ils entendaient parler sans l'avoir jamais vu… ». Ceux-là tremblaient et d'autres, sur la rive gauche du Congo, juste en face, à Bolobo, en territoire Bayanzi, restaient incrédules devant le refus opposé par Van Gèle et Coquilhat d'assister, même de loin, à des cérémonies funéraires comportant des sacrifices humains.

Ce genre d'incompréhensions exista également du côté européen : C'est le R.P. Allaire, de passage à Bonga, qui s'indigna du sacrifice d'un petit enfant dédié aux dieux de la chasse ; stupéfaction de Pouplier voulant délivrer deux jeunes gens enfermés dans une espèce de cage qu'on entraîne dans la direction du Moyen-Oubangui pour être livrés aux cannibales. Depuis ce jour-là, Pouplier ne veut plus admettre qu'un nègre soit un homme. Sur les rives du Moyen Oubangui les populations sont notoirement anthropophages, comme les Sakara, un peu plus en amont chez qui Liotard a photographié en 1894 "L'arbre aux trophées" garni d'une centaine de crânes humains.

Ces quelques exemples sont donnés ici non pas pour inciter au jugement, mais pour faire comprendre les réactions des premiers explorateurs, leurs réticences devant certains aspects de la vie africaine qu'ils découvraient.

Au Congo où la chefferie coutumière était beaucoup plus morcelée, on peut davantage parler de résistance spontanée des populations dont la vigueur limitée ne nécessita pas, il est vrai, l'engagement d'effectifs importants. A certains endroits, dans la vallée du Niari par exemple, il fallait employer la manière forte : le témoigne du colonel Baratier en 1899 en est le modèle pour réprimander les désordres.

Si l'on Considère par ailleurs l'ensemble des exigences de l'administration locale mise en place au début du XIXème siècle (impôt, prestations obligatoires, portage et production dans les zones soumises au régime concessionnaire), on ne doit pas s'étonner de réticences des populations à accepter la colonisation. L'impôt ah ! L'impôt de capitation : il faut en parler, car on peut affirmer qu'il fut une des causes principales des difficultés rencontrées par le colonisateur en Afrique centrale :

plutôt que de résistance à la pénétration, il faudra parler de résistance à l'impôt.

Cela a commencé avec cette fameuse loi du 13 avril 1900, d'apparence anodine, modifiant à partir du 1er janvier 1901 le régime financier des colonies et dont l'article 13 dispose que "toutes les dépenses civiles et de gendarmerie sont supportées en principe par le budget des colonies. Des subventions peuvent être accordées sur le budget de l'Etat". Il s'agissait d'arriver à une diminution des dépenses engagées dans les territoires coloniaux afin de calmer les inquiétudes d'une large majorité des Députés-fort biens.

Enfin, pour terminer notre conclusion générale, une voix se lève : « Washington compte sévir contre le trafic humain ». Les USA viennent de mettre en garde depuis le 14 juin 2010, plus de 10 pays, dont l'Iran, la Corée du Nord, Cuba et la Birmanie, contre de possibles sanctions, leur reprochant de ne pas œuvrer suffisamment pour la lutte contre le trafic humain.

Le 10e rapport du Département d'État sur les efforts internationaux visant à éradiquer le commerce d'êtres humains et l'esclavage sexuel avise 13 pays qu'ils ne se conforment pas aux normes internationales les plus élémentaires et qu'ils pourraient faire l'objet de pénalités américaines.

D'autres pays sont pris en défaut par Washington, dont la République Dominicaine, l'Erythrée, le Koweït, la Mauritanie, la Papouasie-Nouvelle-Guinée, l'Arabie saoudite, le Soudan et le

Zimbabwe. Ce rapport évalue donc à 12, 3 millions le nombre de victimes du trafic de personnes l'an dernier.

Le document du Département d'État souligne que le trafic humain constitue un problème sur le territoire américain, mais que les autorités respectent l'ensemble des normes minimales. Les USA apparaissent aux côtés de 27 autres pays principalement européens dans la catégorie 1, la plus élevée dans le domaine du respect des principes (Associated Press METRO, Montréal, juillet, 2010).

BIBLIOGRAPHIE

1. Augouard, (Mgr P.). 1885. Journal de voyage Brazzaville à l'Equateur ; juin-août.

2. Augouard, (Mg P.). Vingt-huit années au Congo ; lettres de Mgr Augouard, 2 vol. , 533 et 64p.

3. Balandier, G. Sociologie des Brazzavillois noirs ; cahier de la F.N.S.P. n° 67, Colin.

4. Ballay, N. 1885. De l'Ogooué au Congo. Texte de la conférence prononcé par Noel Ballay à la Société de Géographie de Paris ; p. 279.

5. Ballay, N. 1883. Cours de l'Alima ; 9 feuilles au 1/200.000 AN-SOM, n° 336/MC.

6. BRUEL, G. 1918. L'Afrique Equatoriale Française ; Paris, Larose.

7. Bruschwing, H. 1965. La négociation du traité Makoko, in Cah. Et. Afr. Vol. n° 17, p.5-56.

8. Bruschwing, H. 1966. Brazza explorateur – l'Ogooué, 1875-1897, Paris, Mouton.

9. Chavannes (Ch. de). 1935. Avec Brazza. Souvenirs de la mission de l'Ouest Africain (mars 1883 – janvier 1886), Paris, Plon, 378 p.

10. Chavannes (Ch. de). Les origines de l'Afrique Equatoriale Française – Le CONGO Français – Ma collaboration avec de Brazza, 1886-1894 Nos relations jusqu'au à sa mort, 1905, Paris, Plon, 406 p.

11. Cholet, J. 1890. Mission de M... au Gabon depuis 1886. Exploration de Loango à Brazzaville – Oubangui – Sangha, Paris, p.445-463.

12. Coquihat, C. 1888. Sur le Haut Congo. Paris, Lebègue, 535 p

13. Courboin, A. 1908. Bangala-Langue Commerciale du Haute Congo – Elément et manuel de conversation – Lexique, Paris, Challamel, IX-146 p.

14. Coquery-vidrovitch, C. 1963. Brazza et la prise de possession du Congo. La mission de l'Ouest-Africain, 1883-1885. Mouton et Cie.

15. Crocqueville, I. 1953. Etude démographique de quelques villages Likouala (Moyen Congo) ; in Population, n° 3, juillet, pp. 491-510.

16. Dolisie, A. 1927. Notice sur les chefs Batéké avant 1898 ; in Bul. Soc. Rech. Congo, pp. 44-49.

17. Dolisie, A. 1932. Lettres des 19-25 mai 1885 – Oubangui –Domino – Poste ; in Bul. Com. Afr. Fr. p. 294

18. Douville, J.B. 1823.voyage au Congo et dans l'intérieur de l'Afrique Equatoriale ; 1828, 1829,1830 ; Paris, Jules Anward.

19. Dusseldje, E. 1910. Les Tégué de l'Alima – Congo Français. Anvers, Impr. C. de Cauwer, 125 p.

20. Fourneau, L. 1907. De Libreville au fleuve Congo par la Likouala-Mossaka, in Bul. Com. Afr. Fr.

21. Forneau et Kravertz, L. 1954. Le pagne sur la côte de Guinée et au Congo du XVe siècle à nos jours ; Bull. de l'institut d'Etudes Centrafricaines. Pp. 5-22.

22. Froment, E. 1887. Trois affluents du Congo ; Rivières Alima, Likouala, Sangha ; in Bull. soc. Géorg. Lille, t. VII, pp. 458-474.

23. Froment, E 1889. Un voyage dans l'Oubangui (de Liranga à Modzaka), in Bull. Soc. Géorg. Lille. T. XI ; pp. 180-216.

24. Le vergne de Trassan. Colonisation Africaine, 1870-1905. Paris, 1935.

25. Létrillard, H. 1903. Rivière Likouala-Mossaka ; 6 feuilles au 1/50.000 (AN-SOM, n° 414/MC).

26. Letrillard, H. 1903. La Likouala-Mossaka ; 3 feuilles au 1/50.000 (AN-SOM, n° 452/A.E.F.).

27. Mabéké-Boucher, Bernard. 1950. L'organisation sociale dans la Likouala-Mossaka et la Moyenne Sangha avant l'arrivée des Européens ; Liaison, n° 6, pp. 18-19.

28. Mambéké-Boucher, Bernard. 1955. Ce qui arriva au temps où régnait Boloundza, chef des Apfourou, in liaison no 46, pp 40-46.

29. Mazenot, G. 1966. L'occupation du bassin de la Likouala-Mossaka (1909-1914) ; in Cah. Et. Afr. No 22, vol. VI pp. 268-307

30. Mazenot, G. 1963. Préfecture et Sous-préfectures de Boundji et Ewo (Alima)- Préfecture de Mossaka ; Ech. 1/500.000 (Arch. Loc.)/

31. Mazenot, G. 1970. La Likouala-Mossaka : Histoire de la pénétration coloniale dans le Haut-Congo ; 1878-1920 : Paris, La Haye, Mouton.

32. Ndinga-Mbo, Constant Abraham. 2005. Introduction à l'histoire des migrations au Congo-Brazzaville ; Les Ngala dans la Cuvette Congolaise (XVIIème – XIXème siècle) ; L'Harmattan, Paris, pp. 296.

33. Ndinga-Mbo, Constant Abraham. 2007. La Cuvette congolaise hier et aujourd'hui.

34. Périquet, L. 1913. La mission d'étude du chemin de fer du Nord Gabon ; in Bull. Com. Afr. Fr. pp. 145-175

35. Ponel, M. 1886. Notes sur les Mbochi ; in Bull. Soc. Géogr. Vol. VII, pp. 373-385.

36. Prat, (RPJ). 1917. Petite grammaire Mbochie, Rivière Alima, Congo Français, Brazzaville, Mis. Cath. XXXVII, p. 96.

37. Sautter, G. 1966. De l'Atlantique au fleuve Congo ; Une géographie du sous peuplement, République du Congo, République Gabonaise, Paris, La Haye, Mouton, p. 1102.

38. Savorgnan de Brazza, P. 1886. L'occupation du Congo ; Conférence donnée au Cirque d'Hiver le 21 janvier 1886 ; in C.R. Séances Soc. Géogr. Paris, p. 49-85.

39. Savorgnan de Brazza, P. 1888. Voyages dans l'Ouest Africain, 1875-1877 ; in Le Tour du Monde, t. LIV (1887à), pp. 289-336 ; t. LVI (1888), p. 1-64.

40. Soret, M. 1954. Démographie et problèmes urbains en A.E.F. – PotoPoto – Bacongo – Dolisie ; Mémoire Inst. Et. Centrafr. No 7, Brazzaville, p. 137.

41. Stauch, A. 1963. Contribution à l'étude de la pêche dans la Cuvette congolaise ; in Bull. Inst. Recherche Scientifique Congo, pp. 49-86.

42. Tréchot, H. 1905. Rapport sur la situation économique au Congo Français, Brazzaville ; p. 29.

43. Vassal, G. 1925. Mon séjour au Congo Français, Paris, Lib. Pierre Roger, t. 6, p. 19.

44. Wauters, A.J. 1886. La question de la Licona et de l'Oubangui ; in le Mouv. Géogr. 8 août 1886. Pp. 65-67.

45. Wauters, A.J. 1902. Les bassins de l'Oubangui et de la Sangha, Bruxelles, p. 19

ANNEXES

---

1) Chronologie des différents chefs de district de Mossaka de 1912 à nos jours.

1. 1912-1918 Collombet,
2. 1918-1920 Bracos,
3. 1920-1925 Picard,
4. 1925-1930 Begoud Emile,
5. 1930-1931 Lehou,
6. 1931-1932 Maillet,
7. 1932-1933 Louis d'Or,
8. 1933-1933 Dromeau,
9. 1933-1936 Dubroca Alexandre,
10. 1936-1938 Sobraques Noel,
11. 1938-1939 Bonnin Charles,
12. 1939-1945 Sudre Raoul,
13. 1945-1947 Furet Michel,
14. 1947-1949 Larrieu Yvon,
15. 1949-1969 Lamothe Nelson,
16. 1949-1953 Paraclet Gustave,
17. 1949-1954 Furet Michel,
18. 1954-1954 Chevene et Fernand,
19. 1954-1956 Koll Eduardo,
20. 1956-1956 Favié Raoul,
21. 1956-1956 Barbas François,

22. 1956-1956 Piquenol,
23. 1956-1956 Herse Pierre,
24. 1956-1958 Martres Georges,
25. 1958-1959 Bounsana Hilaire,
56. 1959-1959 Furet Michel,
27. 1959-1960 Tixier Charles,
28. 1960-1961 Ouenadio Firmin,
29. 1961-1961 Olouanfouli Alexis,
30. 1961-1962 Makosso François,
31. 1962-1962 Lokéla Jean,
32. 1962-1963 Makosso François Costaude,
33. 1963-1963 Nkoua Feliciano,
34. 1963-1963 Peleka Wilfrid,
35. 1963-1965 Kosso Gustave,
36. 1965-1967 Matongo Léon,
37. 1967-1969 Mokoma Louis,
38. 1970-1971 Ndinga Bokoko Jean,
39 1971-1971 Ebina Fidèle,
40. 1971-1973 Otale Joseph,
41. 1973-1973 Okiandza Jean-Claude,
42. 1973-1974 Ndinga Michel,
43. 1974-1979 Niombela Guy Barthélemy,
44. 1979-1984 Koumou Boniface,
45. 1984-1991 Longonda Jean-Baptiste,
46. 1991-1991 Malolet Dominique,
47. 1991-1995 Nganfouomo Charles,
48. 1995-1997 Niombela Guy Barthélemy,
49. 1998-2001 Mbouala Roger

50. 2001-2008   Ondziel Ona,

51. 2009-   Okinga René.

2) Biographie de quelques hommes politiques de Mosssaka

Menga Mathurin (1917-1986)

C'est vraiment dommage que nous n'ayons pas reçu des Informations précises sur la vie politique de **papa Ménga Mathurin** au moment où nous sommes en train de rédiger ces quelques pages, alors que ce fut le premier dans notre contrée à intégrer la politique congolaise. Tout ce que nous savons de lui, il fut un employé du C.F.C.O (chemin de fer Congo-Océan). Il fut élu en 1955 comme Député au Conseil de l'A.E.F. sur les listes du MSA et d'office Membre du Bureau Politique, et aussi Conseiller Territorial (de 1952 à 1957). Pour terminer de façon brève avec Mr Ménga, nous avons lu le discours du vice-président de la République, chargé des Affaires Etrangères Stéphane Tchitchelle, qui présentait les seize (16) membres du Gouvernement de la République et Ménga Mathurin avait été élu Vice-président de l'Assemblée Nationale que dirigeait Marcel Ibalico. Il était secondé de François Kimbouala. Joseph Pouabou présidait la Cour Suprême. Nous nous sommes contentés de faire une petite biographie pour Mambéké et Pongault Gilbert.

(1917-1986)

MENGA Mathurin

Mambéké-Boucher Bernard, fut le collaborateur du journal « Liaison » et homme politique. Instituteur de formation, il fit partie dès 1950 des jeunes collaborateurs de la revue « Liaison » se réunissant autour de Lhomani Tchibamba et de Jean Malonga. Il s'illustra plus particulièrement dans la défense de la dot dont il démontra l'importance symbolique. Mais, il rejeta son maintien dans la société congolaise en raison de sa monétarisation, conséquence de la colonisation.

En sa qualité d'attaché de sociologie à l'Institut d'Etudes Centrafricaines, Bernard Mambéké fut l'informateur avisé des chercheurs européens qui ont étudié la société Congolaise de l'époque (des auteurs tels que Gilles Sautter, in « A propos de quelques terroirs d'Afrique occidentale ; essai comparatif ». Etudes rurale N° 4 – 1062 ; Georges Balandier, in « L'Anthropologie africaine et la question du pouvoir », 1978 ; et Jean-Pierre Lebeuf, in « La sociologie, base de l'Education sanitaire », Bureau régional de l'OMS pour l'Afrique).

Dans le domaine du sport, Mambéké-Boucher Bernard a été le plus grand joueur du Congo de cette époque ; surnommé Roi de la plaine, jamais homme n'avait atteint sa performance.

Après plusieurs années de collaboration à « Liaison », il se tourna vers la politique en 1955. Membre influent du

M.S.A. et citoyen français de droit commun, Bernard Mambéké-Boucher entra au Conseil de gouvernement de Jacques Opangault au poste de Ministre de l'Education et de la Jeunesse. Il perdit son portefeuille lors du coup d'Etat constitutionnel qui amena Fulbert Youlou à la tête du gouvernement provisoire de la République en 1958

MAMBEKE Boucher Bernard

Pongault Gilbert

Il a été initié au syndicalisme en 1946 par monsieur Gérard Espéret, delegué par la Fédération Française des Travailleurs Chrétiens dès la fin de la guerre pour former des syndicalistes chrétiens à Brazzaville. Ce fut le conseiller de l'Union Française et avait contribué à l'élaboration du code du travail de la France d'Outre-Mer. Il negocia avec l'Elysée la non intervention de l'armée française et refusa de prendre le pouvoir le 15 août 1963.

Pongault Gilbert est Syndicaliste chrétien. Il a créé en 1949 la C.F.T.C. du Moyen Congo qui deviendra C.A.T.C. en 1956. Initié au syndicalisme sur le tas, Pongault Gilbert avait bénéficié de plusieurs stages de formation en France.

Attaché à l'indépendance de son syndicat, il lança à partir de 1958 de virulentes critiques à l'égard des colons français accusés d'accaparer les emplois des Congolais. C'est surtout contre le gouvernement de Fulbert Youlou que se dirigeait l'ensemble de ses critiques. En dépit des divergences d'orientation syndicale avec la C.G.A.T., il forma avec Julien Boukambou un front commun pour lutter contre les propositions Youlistes concernant l'institutionnalisation d'un parti et d'un syndicat unique.

L'un des fossoyeurs du régime de Youlou Fulbert lors de la « Révolution des Trois Glorieuses 1963 », Pongault Gilbert refusa d'occuper un poste gouvernemental, mais il entra au

Mouvement National de la Révolution (M.N.R.). Il perdit ainsi un an plus tard son influence politique lorsque les « révolutionnaires Congolais » abolirent la C.A.T.C. et le firent esclave du M.N.R.

Condamné à mort en 1966, il s'exila pour plusieurs années à l'étranger et revint au Congo en 1974 à la suite des mesures d'amnistie décidées par le président Marien Ngouabi.

1925-

3) Quelques textes et chiffres importants

Evolution démographique du Canton des Lagunes de 1885 à 1974

villages	1885	1922	1935	1946	1951	1974
Bohoulou	4.000	3.200 h	956 h	812 h	241 h	186 h
Mbandza	3.000	2.100 h	1.730 h	1.710 h	56 h	0 h
Bombé	1.500	897 h	602 h	588 h	365 h	297 h
Bokosso	1.200	765 h	660 h	628 h	422 h	300 h
Biri	750 h	663 h	477 h	465 h	321 h	271 h
Ekouli	650 h	565 h	438 h	430 h	207 h	119 h
Mobénga	350 h	196 h	107 h	102 h	83 h	8 h

Mokoungo	350 h	303 h	287 h	280 h	163 h	126 h
Moponga	450 h	373 h	313 h	297 h	67 h	15 h
Sengolo	2.000	1.889 h	1.721 h	1.704 h	328 h	203 h
Nkonda	2.500	2.024 h	1.909 h	1.857 h	328 h	203 h
Total	17.550	13.815	9.715 h	9.375	2.698 h	1.728 h

Estimation des agents de la mission de l'Ouest Africain

4) Rémunération des Chefs :

Les allocations des Chefs de canton, de terre et de tribu étaient comme suit conformément à la décision du 5 avril 1938 du Gouvernement du Moyen Congo :

Chef de canton Bokouélé : 1.000 F
Terre Boua (Bokouélé) : 420 F
Terre Lokakoua Chef Kerabeka : 420 F
Chef de canton Likouba : (services exceptionnels) : 3.500 F
Terre des lagunes : Eyoka Casimir : 3.500 F
Terre Nkonda : Chef Bokambalé : 480 F
Terre Mossaka : Chef Lindzeke : 360 F
Chef de canton Likouala : Bossina : 3.500 F
Chef de canton Mbochi : 3.500 F
Terre autonome de Bonga : 600 F
Terre Yengo : Chef Pende : 500 F
Terre Botouali Chef Kotoupo : 420 F

Terre Bouegni Chef Londzagnabeka : 500 F
Terre Ndolle Chef Ngombe : 360 F
Chef de canton Mbochi
Chef de canton : Etokabeka André : 3.500 F
Terre Bokouelé Etokabeka André
Terre Bokombo Chef Ndinga : 420 F
Terre Basse-Aima : Chef Ebengue : 500 F
Terre de Moyenne-Alima Chef Okongo.

5) Décret no 63-8 du 12/1/1963 portant transformation de la sous-préfecture autonome de Mossaka en préfecture.

Le Président de la République, Chef du Gouvernement, Ministre de l'Intérieur,
Vu la Loi constitutionnelle du 2 mars 1961 ;
Vu l'Arrêté général du 28 mars 1937, portant détermination des limites territoriales des Départements du Moyen Congo et tous les Actes modificatifs subséquents ;
Vu le Décret no 61-38 du 16 février 1961, portant création des Préfectures de l'Alima, de la Léfini et de la Likouala-Mossaka ;
Vu le Décret no 61-177 du 29/7/1961, portant création de la Préfecture de la Likouala-Mossaka et de la Sous-préfecture autonome de Mossaka ;

Le Conseil des Ministres entendu ;

Décrète :

Art. 1 : Sont abrogés l'article 1er, paragraphe 1er du Décret no 61-38 du 16/2/1961 portant création des Préfectures de l'Alima, de la Léfini et de la Likouala-Mossaka et l'article 2, paragraphe 3 du décret no 61-177 du 29/7/1961, portant création de la Préfecture de la Likouala-Mossaka et de la Sous-préfecture autonome de Mossaka.

Art. 2 : Est créée une nouvelle Préfecture de Mossaka comprenant les Sous-préfectures de Mossaka, Loukoléla avec Chef-lieu à Mossaka ;

Art. 3 : Le présent Décret qui prend effet pour compter du 1er janvier 1963 sera publié au Journal Officiel.

Fait à Brazzaville le 12/1/1963.

Abbé Fulbert Youlou

6) Loi no 32/65 du 12 août 1965 abrogeant la Loi no 44/61 du 28 septembre 1961 et fixant les principes généraux d'organisation de l'Enseignement

Titre I : DISPOSITIONS GENERALES

Art. 1er : Tout enfant vivant sur le Territoire de la République du Congo a droit sans distinction de sexe, de race, de croyance, d'opinion ou de fortune à une éducation qui assure le plein développement de ses aptitudes intellectuelles, artistiques, morales et physiques, ainsi que sa formation civique et professionnelle.

Art. 2 : L'organisation de l'enseignement est un devoir de l'Etat. Cet enseignement doit dispenser à chaque enfant une formation adaptée à la vie et aux tâches sociales modernes et contribuer à élever le niveau de vie.

Art. 3 : La fréquentation scolaire est obligatoire de 6 à 16 ans. L'enseignement peut être donné dans la famille dans les conditions qui seront fixées par décret.

Art. 4 : L'enseignement est gratuit. Pendant la scolarité obligatoire, cette gratuité s'étend aux fournitures scolaires.

Art. 5 : La scolarité est complétée par des œuvres péri et post scolaires.

Titre II : DU CONSEIL SUPERIEUR DE L'ENSEIGNMENT ET DES COMMISSIONS DES ECOLES

Art. 6 : Il est institué auprès du Ministère de l'Education Nationale, un Conseil Supérieur de l'Enseignement dont la composition et les attributions seront fixées par décret.

Art. 7 : Il est institué dans chaque Préfecture, une Commission des écoles dont la composition et le rôle seront fixés par décret.

Titre III : DES CATEGORIES D'ENSEIGNEMENT

Art. 8 : L'enseignement est dispensé au Congo par des établissements publics de l'Etat. Toutefois, des établissements d'enseignement privés entrant dans l'une des catégories ci-après définies, peuvent être agréés par décret pris en Conseil des Ministres :

Ecoles religieuses pour la formation des serviteurs de l'église ;

Etablissements d'enseignement bénéficiant d'un statut découlant d'une convention diplomatique.

Art. 9 : Les établissements d'enseignement privés visés à l'article précédent ne pourront recevoir aucune subvention de l'Etat.

Titre IV : NEUTRALITE DE L'ENSEIGNEMENT

Art. 10 : L'enseignement des établissements publics respectera toutes les doctrines philosophiques et religieuses.

Ces établissements sont tenus de recevoir tous les élèves qui se présentent, sans distinction d'origine, de race ou de croyance. L'enseignement religieux ne peut être dispensé qu'en dehors des établissements et des heures de cours réglementaires.

Titre V : DISPOSITIONS DIVERSES

Art. 11 : La propriété des établissements d'enseignement privé ou assimilé, n'entre pas dans l'une des catégories d'enseignement définies à l'article 8, sera transférée à l'Etat. Les édifices où était dispensé un enseignement scolaire ou para scolaire sont nationalisés. Un décret pris en Conseil des Ministres fixera les modalités de cette nationalisation.

Art. 12 : L'ouverture d'un établissement scolaire, en violation des dispositions de la présente Loi sera punie d'une amende de 38.000 à 3.000.000 de Francs. La fermeture de l'établissement et la confiscation du matériel ayant servi à son exploitation seront toujours ordonnées par les tribunaux.

Art. 13 : La présente Loi qui prendra effet à compter du 1er septembre 1965, sera exécutée comme Loi de l'Etat.

Brazzaville, le 12 août 1965

(e) A. Massamba-Débat

7) Procès-verbal d'échange du sang entre Dolisie et Ndombi

En signe de très grande amitié pour la France, et comme preuve d'une fidélité inébranlable au traité de protectorat que nous avons signé,

Nous Ndombi, grand chef Abanho, soussigné, déclarons avoir voulu conclure et avoir conclu aujourd'hui, 25 octobre 1884, dans notre village de Bonga et devant les témoins soussignés dont l'un, Milangou, notre fils, est le futur héritier de notre Puissance,

L'alliance de sang avec Mr Albert Dolisie, soussigné délégué du lieutenant de vaisseau Pierre Savorgnan de Brazza, Chevalier de la légion d'Honneur, commissaire du Gouvernement de la République Française dans l'Ouest Africain.

Fait double au village de Bonga

Le vingt-cinq octobre mil neuf cent quatre-vingt- quatre.

A.Dolisie

Signe du Roi Ndombi

Héritier de mopangou

Du fils du Roi Mopoulinghae

Du linguiste caporal laptot John Gomez

Je soussigné Joseph Michaud certifie la parfaite authenticité de tous les signes, tous fait sous mes yeux.

Bonga 25 Octobre 1884.

J. Michaud membre de la mission de Brazza

Vu. P.S. De Brazza.

Note : L'échange de sang était la forme africaine du traité d'alliance et de bonne amitié chez les populations de la zone de l'eau. Il y a lieu de penser que, lorsque cette cérémonie venait en complément de la <<signature>> d'un traité de protectorat, l'engagement écrit dont le sens n'était pas toujours compris des chefs locaux, pouvait être en quelques sortes authentifiées à leurs yeux par l'engagement coutumier.

Ainsi que le note Froment, <<L'échange du sang a une autre valeur que tous les traités paraphés du monde sur lesquels on met d'ailleurs ce qu'on veut puisque l'une des parties contractantes ignore la science de l'écriture>>.

8) Lettre du capitaine Saulez

A MONSIEUR LE
COMMISSAIRE DU
GOUVERNEMENT
(5 juin 1884)

EXPEDITION INTERNATIONALE DU haut-
Congo
Léopoldville Stanley Pool,

A Monsieur P.S. de Brazza
Monsieur,
En réponse à votre demande, je vous envoie une traduction française de ma lettre d'hier.
J'ai l'honneur de vous informer que quelques personnes attachées à l'expédition française, avaient plusieurs fois violé avec des intentions illégales les propriétés de l'Association de laquelle je suis le chef.
Désormais, tout nouvel essai de violation de ces propriétés ne sera plus permis.
En conséquence, vous prendrez vos mesures, que si quelques personnes de l'expédition française étaient trouvées sur nos propriétés, elles seraient tenues jusqu'à ce que satisfaction entière ait été rendue.

Signé : Seymour Saulez
Chef division Léopoldville
Stanley Pool-division

N.B : Cette lettre adressée à Mr de Brazza, était en réalité destinée à de Chavannes qui avait reçu délégation de ses pouvoirs sur le Congo.

9) Traité de protectorat avec le chef Mboko okana

Le chef Mboko Okana déclare par devant moi Samba Dado, Sergent Sénégalais envoyé par le << Commissaire du gouvernement dans l'ouest Africain>> se mettre lui, ses sujets et tout son territoire jusque (sic) à la rivière Lecolli (Giali-Ungua-Nguia-Rigail de lastours) sous le protectorat de la France.

Il affirme avoir fait cet acte librement et en connaissance de cause.

En foi de quoi ne sachant pas écrire il a fait son signe.
 Le Chef Okana
Samba-Dado
Interprètes Marc Ongala (Gabonai) (sic)
Mamouaka (Aduma)
Témoins Bonbaca-Penda (sénégalais (sic)
Samba-Diop (sénégalais (sic)
Nous déclarons avoir été présents lors de la signature de l'acte et nous le certifions authentique (sic).

Jacques de Brazza
Attilo Pecile
Fait le 3 décembre 1885,
Dans le village Mboko d'Okana.

10) Traité de non-agression entre les chefs Batéké Opandi et Apili

Etablissement Français
République Française
Du Gabon – Congo   Liberté – Egalité – Fraternité
Aujourd'hui quatre septembre mil huit cent quatre – vingt – Sept,
Entre les chefs Batéké Opandi et Apili, sous la médiation de Monsieur le Commissaire Général du Gouvernement de la République Française.
Il a été conclu ce qui suit :

Art. I : Les deux chefs susnommés s'engagent à cesser la guerre qui existe entre les deux groupes de villages, dépendant de leur autorité.

Art. II : Ils s'engagent de part et d'autre à ne se réclamer aucune indemnité du fait des dommages causés par la guerre.

Art.III : Ils s'engagent à respecter désormais les convois faits par les Batéké passant sur leur territoire, à n'importe quelle tribu ils appartiennent ; au même titre qu'ils ont respecté les porteurs étrangers au pays Batéké.

Art. IV : Ils s'engagent à respecter les hommes et les propriétés des groupes de villages fournissant des porteurs.

Art. V : Ils s'engagent en outre à employer toute leur autorité à faire reprendre le service des portages, arrêté depuis plus d'un an.

Art. VI : Tout différend surgissant entre les parties contractantes sera soumis à l'arbitrage du représentant du Gouvernement de la République Française.

Art. VII : Le médiateur se porte, vis-à-vis des deux parties, garant de l'exécution stricte du présent traité et s'engage à le faire respecter au besoin par les armes.

Fait s/Rivière Ampô, face N. du village Opandi,
Les jours, mois et an que dessus.

P.S. de Brazza
Suivent les signatures...

11) Lettre envoyée par Brazza au président de la C.F.H.C.

Marvejols (Lozère) le 13 septembre 1899

Monsieur,

J'ai suivi avec intérêt et sympathie dès le début les efforts des frères Tréchot – venus au Congo en 1889 avec un capital tout d'abord bien minime, par leur travail propre de mécanicien, par une énergie et un esprit d'entreprise qui leur font honneur, ils ont su arriver au succès et j'ai été heureux d'accéder au désir qu'ils ont manifesté de donner à un de leurs vapeurs destiné à le mise en valeur de la Likouala-Mossaka le nom de mon frère qui a le premier exploré cette région, une des plus riches en ivoire et en caoutchouc, aussi, je suis certain que les opérations commerciales du *Jacques de Brazza* seront la source d'importants bénéfices pour la compagnie qu'ils ont fondée avec votre concours.

En vous confirmant mon autorisation, je souhaite la plus grande prospérité à votre Société qui ne tardera pas à entrer dans son plein développement et dont le succès justifiera, un peu tardivement, la ligne de conduite que dès 1890 mes rapports indiquaient comme la meilleure pour la mise en valeur du Congo Français.

Veuillez agréer, etc.   P. S. de Brazza

12) Lettre de Madame la Comtesse Thérèse Savorgnan de Brazza à de Chavannes.

Alger, le 7 Septembre 1936
Cher Monsieur,
Je viens de terminer la lecture du manuscrit de votre futur livre le Congo Français. En vous lisant, j'ai éprouvé la même joie que j'avais ressentie en arcourant les pages de votre livre avec Brazza. Passionnée par cette lecture, il m'est arrivé, parfois, d'oublier l'heure à laquelle je devais aller dormir. Vous vous êtes tiré remarquablement de certains passages qui réclamaient de la délicatesse dans l'expression. Ceux qui liront votre livre achèveront d'apprendre ce qu'a été l'œuvre de Pierre au Congo français. Moi, je suis ravie à l'idée que ces lecteurs pourront désormais se rendre compte du laborieux travail qui a été et des conditions dans lesquelles il a été accompli.
En France, on connaîtra ainsi le dévouement désintéressé des ouvriers qui ont réalisé cette

œuvre si méritoire et si difficile, avec aussi peu de moyen, en payant de leur personne et sans effusion de sang.

Pierre, hélas, n'est plus auprès de nous !

Merci de tout ce que vous avez fait pour servir sa mémoire ; merci de ce que vous avez écrit de lui pour le montrer tel qu'il était, avec ses grandes qualités de caractère et avec son grand cœur.

Je vous assure, cher Monsieur, de mes sentiments d'amitié bien affectueuse et bien reconnaissante.

Thérèse S. DE BRAZZA.

13) La Conférence internationale de Berlin (du 15 novembre 1884 au 26 février 1885)

Elle aboutit, pour la France, à la convention du 5 février 1885. Les négociations furent conduites, pour la France, par le baron de Courcelles, assisté du docteur Balley. L'accord fut signé à Paris le 5 février 1885 par jules ferry, Ministre des Affaires Étrangères, et par le Comte Paul de Borchgrave d' Altenau, secrétaire du roi, pour l'Etat indépendant du Congo ;

La délimitation des deux Etats était fixée comme suit :

- La rivière Chiloango, depuis l'Océan jusqu'à sa source septentrionale ;
- La crête de partage des eaux du Niari-Kouilou et du Congo jusqu'au-delà du méridien de Manianga ;
- Une ligne à déterminer et qui, suivant autant que possible une division naturelle du terrain, aboutisse entre la station de

Manianga et la cataracte de Ntambo-Mataka, en un point situé sur la partie navigable du fleuve ;
- Le Congo jusqu'au Stanley-Pool ;
- La ligne médiane du Stanley-Pool ;
- Le Congo jusqu'à un point à déterminer en Amont de la rivière Licona-Nkoundja ;
- Une ligne à déterminer depuis ce point jusqu'au 17eme degré de longitude Est de Greenwich, en suivant autant que possible la ligne de partage d'eaux du bassin de la Likouala-Nkoundja qui fait partie des possessions françaises ;
- Le 17ème degré de longitude Est de Greenwich.

14) Un modèle de Passavant

Roger - Patrice Mokoko est natif de la localité dont l'histoire est contée. Il est par conséquent lui-même témoin d'une bonne partie de la plupart des événements.

Après des ouvrages à la fois techniques et professionnels sur l'éducation, ouvrages qui intéressent la comunauté tant scientifique qu'universitaire. Mokoko traite cette fois un sujet d'ordre historique pour deux raisons : la première est celle de contribuer aux préparatifs d'un grand événement de portée historique : le centenaire de la ville de Mossaka qui aura lieu le 24/12/2012 ; la deuxième raison est de sensibiliser toute la population de Mossaka à une prise de conscience commune pour le développement du district. Lisons Mokoko pour en savoir davantage l'histoire de Mossaka, la Venuse du Congo.